評伝 渡部昇一
「知の巨人」の人間学

松崎之貞

ビジネス社

第六章　独創を支えたセレンディピティ

第七章　論争の歴史

プロローグ

わたしが渡部昇一さんとの仕事にたずさわるようになったのは、いまはなき総合月刊誌「サンサーラ」（徳間書店）に異動してからのことだ。

一九九四年（平成六年）からテレビ東京系列で「渡部昇一の新世紀歓談」というトーク番組がはじまった。毎回ゲストを招き、ぶっつけ本番で時事問題を語り合う三十分の番組であった。日曜日の朝、その番組を見ているうちに、そのときどきの発言がそのまま消えてしまうのは残念だと思い、わたしは「新世紀歓談」における渡部さんの発言部分を毎月「サンサーラ」に掲載するという企画を立て、ご相談にうかがった。それにご快諾をいただき、そうしてはじまったのが「国益の立場から」という連載であった。

当時、多忙をきわめていた渡部さんに新しく雑誌連載をお願いするのはかなりむずかしいことだったから、この連載スタートは一種の僥倖であったといってよい。

もちろん、渡部さんと徳間書店との関係はこれが初めてではなかった。すでに、小室直樹氏との対談『自ら国を潰すのか』や呉善花《オ・ソンファ》氏との対談『日本の驕慢《きょうまん》 韓国の傲慢《ごうまん》』（ともに九三年）などが刊行されていた。そこに「サンサーラ」の連載から生まれた本も一枚加わるようになったのである。それが九六年刊行の『国益の立場から』であった。

『国益の立場から』はさいわいにも好評をえて、「サンサーラ」の連載は毎年一冊ずつまとまって刊行されることになった。以後、〝年度版〟のようなかたちで、『渡部昇一の新憂国論』（九七年）、『国思う故にわれあり』（九八年）……とつづいていった。

「渡部昇一の新世紀歓談」の放送が終了すると、それからは毎年、渡部さんが前年およびその年の大きな出来事や時事問題を縦横に論じ尽くし、その談話を一冊にまとめるというかたちで先の〝年度版〟を継続することになった。

二〇〇二年に退社したわたしは、それまでの編集担当者という立場から〝年度版〟の構成者に転じ、渡部さんが亡くなられる年まで、毎年その座談に接してきた。徳間書店以外の出版社でも渡部さんの談話をまとめたり、対談を構成したりという仕事をつづけてきたから、退社後にかかわった渡部さんの書籍はゆうに二十点を超えている。

○

わたしの最後の取材――『この大動乱の世界で光り輝く日本人の生き方』（徳間書店）のためのテープどりは二〇一七年（平成二十九年）一月二十三日、「吉祥寺第一ホテル」の会議室でおこなわれた。いつもは赤坂の「ホテル・ニューオータニ」で談話を収録していたが、前年の夏、右腕を骨折してから体調を崩されたため、ご自宅に近い吉祥寺のホテルに変更したのである。

骨折は六月十日の夜中、ベッドから降りてトイレへ行ったとき前のめりになったせいだった。すぐに東京衛生病院（杉並区）へ行ったところ、さいわい当直の医師が整形外科だったため適切な手当てを受けることができたが、十一月、もう一度転んで悪化してしまったのである。

タクシーでやってきて車椅子に移った渡部さんは、その前にお会いしたとき（前年の十一月）よりかなり痩《や》せられ、ヒゲも伸び放題であった。会議室にはもちろん暖房が入っていたが、取材中しきりに「寒い、寒い」と口にされるので、フロントに連絡して毛布を借り受け、それを脚にグルグル巻きにした。それでもまだ「寒い、寒い」を連発される。そこで今度は電気ストーブを借り、どうにか口述取材をつづけたものだ。察するに、当日は少々（あるいは、かなり）熱があったのではないだろうか。

例年、テープどりのときは飲み物のほかにかならずケーキを注文して小休憩をはさんだが、この日は頼んだスープにひと口ぐらいしか手をつけず、声もこころなしか弱々しかった。さらにいえば、これまでなら六、七時間しゃべりつづけたものだが、この日はわずか三時間程度で切り上げとなった。語るべきテーマの骨格だけを話されると、それを肉付けするようなエピソードや興味深い逸話、鋭い解説などを付け加えることなく、次のテーマに移っていった。これまでとはまったく異なる進行だった。そして、ほぼ三時間がすぎたころ、すっかり疲れきったようすで、「あとはまあ、うまくふくらませてください。よろしくお願いします」といって帰りを急がれた。

いま思えば、それが亡くなられるほぼ三か月前のことであった。

それでも、今上天皇《きんじょうてんのう》の「生前退位」に反対する意見を開陳されたときは言葉に熱が入り、その語りからは最後の最後まで皇室の安泰を願う気持ちが伝わってきた。「臣茂《しんしげる》」と称した吉田茂のひそみにならっていえば「臣昇一」としての責務を果たすのだ、という思いが込められていたというべきだろう。

○

そんな渡部さんの仕事を振り返ってみると、さながら〝連峰《れんぽう》〟のような存在であったという思いをあらたにする。専門の英語学はもちろんのこと、日本の歴史、知的生活、人間論、古今東西の古典文化、時事問題、キリスト教、エッセイ……と、いくつもの山が連なり、全体として雄渾な姿を見せている。しかも、どのジャンルの著作も事の本質を真っ直ぐに突き、しかもだれにでもわかりやすい表現を旨としていた。そんなところから、「知の巨人」と呼ばれ、多くの読者を獲得していたことは周知のとおりである。

そうしたことから、わたしは渡部さんを賀茂真淵《かものまぶち》や本居宣長《もとおりのりなが》といった国学者たちになぞらえて考えてみることがある。『古事記』や『万葉集』の言葉を十分に読み解くことができず、古代の姿も定かではなかった江戸時代にあって、日本という「国のかたち」を捉えようとした国学者たちは言語を軸に歴史も法制も慣習も……すべてをひとりで担って研究した。渡部さんの仕事にはどこかそうした国学の時代の学者たちを彷彿《ほうふつ》させるものがあるように思う。

もちろん、該博《がいはく》な知識や活動の幅広さを誇る知識人は渡部さんひとりではない。「知の巨人」と呼ばれている人はたちどころに数人、その名を挙げることができる。だが、かれらと渡部さんのあいだにはひとつ決定的なちがいがある。それは、渡部さんの言説がつねに国を思う心に裏打ちされていたということだ。国を憂うる士であった、と言い直してもいい。

戦前の日本を「悪」として全否定する東京裁判史観や国防すら認めようとしない空想的平和主義が闊歩《かっぽ》し、朝日新聞や岩波書店などの論調が世をおおい、「左派・リベラルにあらずんば知識人にあらず」といわれていたとき、渡部さんは敢然とそうした風潮に「NO」を突きつけた。そのため、「右翼」と呼ばれたり、異端視されたりしたこともあったが、いまとなってみればその言説は「異端」どころか「正統」であったことが認められよう。日本人が「日本」を見失いそうになっていた時代にわれわれの目を覚ましてくれたのである。

自己の立脚点を「伝統」に求める真正保守の思想家であった渡部さんは、昭和二十年（一九四五年）の敗戦のとき、GHQ（連合国軍総司令部）の手によって皇室が廃されることがなく、また昭和天皇が退位されることがなかったことをとりわけ重視していた。なぜなら、戦前も戦中も戦後も昭和天皇というひとりの天皇を戴くことによって日本の歴史の連続性が保たれたからだ。昭和二十年の敗戦を境にして日本の歴史を分断し、善悪を割りふる進歩的文化人たちの安っぽい歴史観とはまるで厚みがちがうのである。

国家の基本をなす歴史、外交、国防、教育……にわたって、さまざまな提言をおこなってきたのもひとえに憂国の情から出たものであった。といって、苦虫を噛《か》みしめたような〝憂い顔の士〟ではない。細かいことには拘泥《こうでい》しない快活な人柄であったから、現状批判にあたっても切羽詰《せっぱつ》まったところがなく、つねに大らかであった。それがまた読者をひきつける魅力ともなっていた。

もうひとつ、見落としてならないのは渡部さんの言論の根っこにはどうすれば日本人みんなが幸せになれるかという「幸福論」があったことだ。

本文でも述べるように、戦後すぐの貧しい日本のなかでも飛びっきりの〝貧乏学生〟だった渡部さんは日本の戦後復興と足並みをそろえるようにして一歩一歩、みずからの生活を築き上げてきた。それだけに、愛国者として「公」を大事にするのと同じくらいの重みをもって「個（私）」をたいせつにしてきた。したがって、思想家としては異例なほど、豊かになるのはいいことだという信念を有していた。「富」を敵視したり、「豊かさ」に罪悪感を覚えたりすることはけっしてなかった。だからこそ大蔵省（現・財務省）が一枚の通達でバブルを潰《つぶ》したとき（一九九〇年／平成二年の「総量規制」）、盟友の書誌学者・谷沢永一《たにざわえいいち》さんとの対談『誰が国賊か〜今、「エリートの罪」を裁くとき』（クレスト社）で、当時の土田正顕《つちだまさあき》銀行局長を名指しして槍玉《やりだま》に挙げたのである。あのバブル潰しによって、六百六十兆円の「国富」がアッという間に宙に消えてしまったからである。

幸福とは、もちろんお金だけの問題ではない。家族、仲間、健康、仕事、生き甲斐、修養、恋愛……と、さまざまな要素があり、条件がある。それをひとつひとつクリアしていくのは容易ではない。智慧が必要だ。そう思って振り返ったとき、渡部さんの諸著作にはそのためのヒントが満載されていることにあらためて驚く。『知的生活の方法』（講談社現代新書）から『ローマ人の知恵』（集英社インターナショナル）にいたるまで、あの膨大な作品群は、どうすれば日本人みんなが幸せになれるか、という渡部流の「幸福論」に貫かれてもいたのである。

【本文中は敬称略】

第一章　アドレッサンス

「あぶらや」の長男

東西の蔵書十五万冊を誇り、該博な知識で世をリードしてきた渡部昇一の一生を俯瞰《ふかん》したとき、やや奇異に思うのは少年時代がいささか精彩を欠いていることだ。

一九三〇年（昭和五年）十月十五日の生まれだから、そのころの日本は貧しかった。世界大恐慌も、就職難をテーマとした小津安二郎の映画「大学は出たけれど」の公開も、ともに前年のできごとである。しかも、当時は「裏日本」と呼ばれた山形県鶴岡市の生まれである。小さな商店の息子は《遅進児《ちしんじ》》（WAC刊『渡部昇一 青春の読書』一七ページ）だったと、みずから回想しているほどだ。

渡部が生まれ育ったのは鶴岡市内の南に位置する養海塚《ようかいづか》という地区である。現在は神明町、三和町《みわ》、長者町、千石町、文園町、睦町、三光町の七つの町に分割されているが、当時、このあたりは田舎から出てきた一家が多く集まり、貧しくもないが、あまり豊かでもないという地域だったという（戸籍謄本には「七軒町で出生」とあるが、渡部は「養海塚生まれ」と語っていた）。

この世にある生身のまま悟りを開き、仏になることを即身仏と呼ぶが、かつての庄内地方にはその風習が色濃く残っていた。いつの時代か、養海という行者が人びとの幸せを願って即身仏となったのがこの養海塚という地名の由来だとされる。現在でも千石町には「養海塚」と呼ばれる地蔵尊が残されている。

かれが生まれたとき、渡部家は父・倉治、母・八重野と祖母・ふくよ、それに十歳および五歳年上の姉ふたり（悦および郁）という家族構成であった（戸籍上の長男は早世したので、渡部は実質上の長男だった）。『渡部昇一 青春の読書』によれば――、

「あぶらや」というのが私の家の店の屋号であるが、ごくごく小さい田舎町の小間物や化粧品の店であった。母が自分の工夫でつくった婦人用の鬢付《びんつ》け油が、付近の農村や漁村の間で一定の販路を持っていたので、店がそんなふうに呼ばれていたのである。（二四五ページ）

店を切り盛りしていたのは母親で、父親のほうは《経済観念に乏しく、高等遊民的気質の人であった》（同ページ）という。父は、その父親（渡部昇一からみると祖父）が相続争いから家督《かとく》

右から長姉・悦、昇一、次姉・郁

を弟に譲って鶴岡に出てきたため、街で育った人であったが、母・八重野はまったくの田舎育ちであった。しかも、幼いときに両親と死別して親戚に預けられたため、ろくに小学校にも通っていない。かつてのNHKの連続テレビ小説「おしん」など問題にならないほどの不幸な境遇から、勤勉・正直・工夫などで店をもつにいたったという。哲学者・木田元《きだげん》との対談『人生力が運を呼ぶ』（致知出版社）ではこう語られている。

母は親類の農家に預けられます。その農家は労働力として母を預かったんですね。だから、もちろん学校なんかには通わせてもらえない。小さいときから野良仕事です。農業の仕事というのは苗づくりからはじまって、田植え、田の草取り、稲刈りと、すべてが前屈みでする作業なんですね。だから、母が十歳ぐらいになったとき、腰が曲がってしまうんです。（八七～八八ページ）

渡部家では祖母はもちろんのこと、父親も母親も小学校の卒業証書をもっていなかったという。博覧強記の渡部昇一を知るわれわれにしてみれば、じつに意外な事実といわざるをえない。ただし、渡部家の人びとは地頭《じあたま》がよかったのかもしれない。一例を挙げれば、時代的にずいぶん先の話になってしまうが——戦後間もないとき、東大経済学部教授・大内兵衛が鶴岡へやってきて、「鉄、石炭といった重要な物資は私企業に任せると格差が生じるから、国家が管理して公平に配分すべきだ」という趣旨の講演をしたとき、それを小耳にはさんだ母・八重野は即座にこういったという、「それは配給にしろということじゃないの。勝手に商売させないような政治はどんなに立派なことをいってもダメよ」と。そういって、きっぱり東大教授の論を切り捨てた。学校の勉強のようにコツコツ積み上げる「知」（インテリジェンス）ではなく、パッと直観するような「知」（インテレクト）に秀れていたということであろう。

祖母は磐梯《ばんだい》朝日国立公園に組み入れられるほどの山深い寒村に生まれ、小学校にも行かず、若いころの農作業で目を傷つけたため、まったくの文盲であった。しかし知的好奇心は強く、記憶力もよかったという。渡部はその祖母からしばしば「おまえはおじいさんの生まれ替わりだ」といわれたと記している。

明治の学制頒布《はんぷ》のとき、田舎の村には学校がなく、とりあえずお寺の和尚さんと私の祖父が教えることになったという。無学な者だらけの山村では、まがりなりにも漢字の読み書きができる珍しい人だったのだろう。その祖父に似ていると言われて嬉しくないことはないのだが、幼な心にも疑問が起こる。かくして半盲目の老女《ばばあ》と、学齢前の幼児との間に次のような会話が何度もかわされることになった。

「俺が祖父《じじい》の生まれ替わりなら、どうしてそのころのことを覚えていないのか」

「それは赤ん坊が生まれるとき、おぎゃあ、おぎゃあと三べん泣くと、前世のことは忘れることになっているからさ」

「そんなら生まれたとき泣かなきゃよかったたな」

「泣かない赤ん坊はすぐ死ぬのさ」

（講談社刊『知的生活を求めて』四七～四八ページ）

口述取材の席で、渡部が祖母のことを「ばばあ」と呼ぶのを最初に耳にしたときはちょっとびっくりした。昭和初期の鶴岡あたりでは、親しみを込めて祖父母を「じじい」「ばばあ」と呼びならわしていたのだろうか？　じっさい、幼いときの話し相手であった祖母について語るときはいつも懐かしそうな口調になった。ついでに記せば、父のことは「だだちゃ」、母のことは「ががちゃ」と呼んでいたという。

渡部は後年、この「無学なばばあ」との会話がギリシャの哲学者プラトンの『パイドン』や『メノン』で説かれる想起説（アナムネーシス）――霊魂は不滅であり、イデアの世界ではすべてを知っていたが、現世に生まれてくるとすっかりその記憶を失ってしまう。それゆえ、この世でなにかを知ったというのは、じつはイデアの世界で見ていたものを思い出したということなのである――に酷似していることに驚いていた。

〇

ちなみに、生家「あぶらや」はその後、あらたな道路計画に引っかかったために取り壊され、現在は残っていないという。

視力〇・〇一の少年読書家

市内の朝暘《ちょうよう》第一小学校に入学したのは一九三七年（昭和十二年）の四月であった（のち、四十一年に「国民学校」と改称された）。この小学校は旧幕時代の藩校・明倫致道館《めいりんちどうかん》の後身であった。校医は、のちの作家・丸谷才一の父親であったという。

一学年は甲乙丙丁の四組に分かれていた。かれが編入させられた甲組は「養護組」と呼ばれ、他の組とは別扱いであった。この組に入る子供は偏食による栄養不良児か虚弱児童、あるいは知能の低い子供、貧困のため弁当を学校にもってこられない子供たちであり、渡部は栄養不良児と判定され、甲組に編入させられたのであった。

かれが「偏食による栄養不良」とされたのは、魚は別として、いっさい畜肉を口にしなかったせいである。

「大学に入るまで私は肉を食べたことがない」というと人は信じられないような顔をする。しかし私の母は肉を料理したことがなかった。（中略）うちは寺ではないし、普通の家である。しかしうちも田舎の親類も、肉を食卓にのせることはなかった。母も伯母も卵もたべず、牛乳も飲まなかった。

（「魂は体外にありうるや」、文藝春秋刊『読中独語』二三〇ページ）

それにしても、いっさい肉を口にしないとは！　これは渡部家だけの慣習だったように思われる。

また、小学生のときから視力が〇・〇一しかなかったせいで、黒板の字がよく見えず、学業も習字もさっぱりだったという。この弱視も養護組に編入された理由にちがいない。そこでメガネをかけるようになると、喧嘩《けんか》のときなど、「四ツ目、四ツ目」とはやしたてられたと回想

鶴岡市立朝暘第一小学校に入学、
昭和12年（1937年）

している。小学校の高学年になってからはともかく、低学年のときメガネをかけているのはかれひとりだけだったというから、格好《かっこう》の標的にされたのである。

　少年時代のかれが「おもしろくて、ためになる」をキャッチフレーズにした大日本雄弁会講談社（現・講談社）の雑誌「少年倶楽部」や「講談倶楽部」「キング」などに読み耽ったことはよく知られている。《自分は上級学校に行かなかったから偉くなれなかったという言い訳をしていた》（「読書連弾」、徳間文庫『読書談義』二五ページ）父親は、それゆえか、子供たちが本や雑誌を買うことには非常に鷹揚《おうよう》だったという。

　ある時、【父は―松崎注】私を近くの本屋へ連れて行った。それは和泉屋書店という古本と新刊雑誌の両方を扱う小さな店であったが、その主人に向ってこう言ったのである。
「この子がほしいといった本は、何でも帳面につけて渡してやってくれ」

（『渡部昇一　青春の読書』四一ページ）

視力が〇・〇一だったため、学業成績のほうは芳《かんば》しくなかったが、生来、読書好きだったから、外でドジョウすくいやチャンバラごっこに興じたあとは、部屋で「少年倶楽部」や「講談倶楽部」に没頭したという。小学校に入学した一九三七年（昭和十二年）はシナ事変がはじまった年で、雑誌の数もまだそれほど多くなかったため、同じ雑誌を何度もくりかえし読んでいる。それこそ暗記するほど読み込んだと述懐するほどだ。そして、真田幸村の計画がことごとく淀君に邪魔されると、《そのページをゲンコツでなぐりつけたものである。そして実際にくやし涙を浮かべたものであった》（『知的生活の方法』一四ページ）。だれにでもある少年時代の読書体験のひとコマである。

そうした雑誌は物置のようになった二階に山のように積まれていたので、雑誌を買ってもらえない子供たちは渡部家に遊びにくるや、二階に上がり、「少年倶楽部」や「講談倶楽部」に読み耽《ふけ》ったという。

小学校も高学年になると、「キング」にも手を伸ばすようになる。

『キング』というのは本当の国民雑誌であった。実物を知らない人に当時の『キング』の性質を譬《たと》えて言えば、月刊『文藝春秋』と『週刊文春』と女性雑誌と『フォーカス』を全部まぜて圧縮して、一冊にした感じの雑誌であった。

皇室の方々の写真も出るし、芸者たちの写真も出る。首相の談話もあれば、落語・浪曲まであるのだ。神社も出るが、お坊さんも牧師さんも登場する。乃木大将も出るが、賀川豊彦【大正・昭和期のキリスト教社会改良家―松崎注】も山室軍平【救世軍の伝道師―松崎注】も出る。つまり、当時の日本の社会をまずは忠実に反映したものと言えよう。

(『渡部昇一 青春の読書』六八〜六九ページ)


後年の口述取材のなかで、「戦前の日本は軍国主義が猛威をふるう暗黒時代だった」とする左派勢力の暗黒史観を批判するとき、決まって例として挙げたのが戦前の明るい流行歌と「キング」であった。とりわけ、後者を強調した。

この国民雑誌は断じて軍国主義をあおり立てるものではなく、上記のように平均的な庶民・大衆に「おもしろくて、ためになる」情報を与え、そうして啓蒙《けいもう》する性質をもっていた。そのような雑誌がもてはやされた時代がどうして「暗黒時代」だったであろうか、というのがその論拠であった。言い換えれば、子供時代から大日本雄弁会講談社の健全な文化に浸《ひた》りきる体験をしていただけに、渡部は戦後猛威をふるった「戦前=暗黒時代」という左翼的な見方に汚染されることは一度としてなかったのである。

「生涯の師」に出会う

戦争もたけなわの一九四三年（昭和十八年）四月、旧制の山形県立鶴岡中学校（五年制／現・鶴岡南高等学校）に入学した。養海塚の町内からは、ただひとりの進学者であった。

この旧制中学は『三太郎の日記』で知られる哲学者・阿部次郎や国家主義者の大川周明《しゅうめい》、帝国陸軍きっての天才と謳《うた》われた石原莞爾《かんじ》、ドイツ文学の泰斗・相良守峯《さがらもりお》などを輩出している名門校である。それだけに校歌もなかなか厳《いか》めしかった。〽鳳嶺月峰《ほうれいげっぽう》雲に入り、滄水《そうすい》遠く海にいく、山河の眺め雄偉なる……とつづく。

戦時中のため授業はあまりおこなわれず、学徒勤労動員が主だった。それはいうまでもなく、肉体労働であった。農業の手伝いや土木工事、あるいは松の根っこから取った油を飛行機に使うため松の根掘りもやらされた。さらには飛行場の地ならしや洪水で決壊した堤防の修復作業など、ありとあらゆる肉体労働をやらされた。

後年、かれはその学徒勤労動員がいやでいやでたまらなかったと述懐している。在学中、最初は柔道部、次は相撲部に属していたくらいだから、体力がなかったわけではない。だが、《団体行動が極端に苦痛なのである。（中略）教練、行軍、それに勤労奉仕みたいなものになると

山形県立鶴岡中学校（旧制）入学、昭和18年（1943年）。母・八重野と

まったくいけない。何日も前から苦痛感がある》（講談社学術文庫『「人間らしさ」の構造』一〇五～一〇六ページ）と、正直に告白している。

そのころの例に洩《も》れず、熱烈な軍国少年であったから、いずれは戦場で死ななければならないという覚悟は決めていた。しかし、教練や行軍、勤労動員だけはほんとうに苦痛だったようだ。そこで修練の時間に将来の志望を訊《き》かれたとき、仲間たちが口をそろえて「陸士（陸軍士官学校）」「海兵（海軍兵学校）」と答えるなか、ひとりだけ「文士」と答え、「小説家」という綽名《あだな》をつけられたというエピソードが残っている。

渡部は明朗快活な人柄で、日ごろのふるまいのなかで不愉快そうな表情を見たことがない。それだけに、「団体行動が極端に苦痛」という告白はいささか意外だが、元来が「書斎派」ないし「思索派」なのであろう、ひとりだけの時間を邪魔されるのがいやだったにちがいない。すでに自分の世界をもち、そこに浸りきるのが好きだったから「団体行動が苦手だった」と分析することもできよう。

それだけに、日本が敗戦を迎え、強制的な団体行動から解放されると、《むやみと勤勉になった。（中略）それは（中略）自分の心にピンとひびくことだけに集中してもよいという安心感が生じたからであろう》（同書一〇六ページ）。このときに出会ったのが老教諭・佐藤順太であったことは、渡部の愛読者であれば知らぬ人はいないはずだ。

佐藤順太は、戦後、英語の需要が増えたために急遽《きゅうきょ》、教壇に復帰することになった英語教師のひとりであった。明治維新で没落した武家に生まれたため、苦学して東京高等師範学校（のちに東京文理科大学→東京教育大学→筑波大学）に進み、戦時中は隠棲していた。猟銃や猟犬、また刀剣に詳しい趣味人であるとともに、東西の古典籍にもつうじたディレッタントであった。戦前の三省堂百科事典の「猟犬」と「猟銃」の項の執筆者でもあったというから、並みの英語教師でなかったことは確実である。

では、その授業はどんなものであったかというと、テキストはなんと十七世紀イギリスの大哲学者フランシス・ベーコンのエッセイ「学問について」（有名な『随筆集』の一項目）であった。

順太先生の授業は体がぞくぞくするほど面白かったのである。わずか三、四ページのエッセイを読むのにほとんど丸一学期を費やされた。文法構造の吟味から、単語一つ一つの訳語の決定から、リアリエン【事実的情報―松崎注】までこれ以上詳しくできないほど詳しくやって下さったのである。順太先生は説明のために必要とあらばいくらでも脱線なさって平気であった。一時間一行などというのも何回もあった。（ＰＨＰ新書『英文法を撫でる』八六ページ）

これはほとんど大学の英語の講義ではないか。知的好奇心の高い生徒にはおもしろかったかもしれないが、そうでない生徒には退屈《たいくつ》きわまりない授業だったにちがいない。しかし、前者であった渡部はそれまで出遭ったことのないような授業に魅力を感じ、この老教師にどんどん惹かれていった。

私は何やら無意識にずっと求めてきた師にめぐり会ったという直観がした。（中略）それはひとくちに言って、ほんとうに知的生活をしている人にめぐり会った、ということなのであった。先生の隠居所は広い建物ではなかったが、天井まで和漢洋の本が積んであった。英語の先生だから、英語の本があるのは当然である。漢文の古典と日本の古典は和本である。しかも積んであるだけではなく、先生はそれを読んでおられたのだ。そのような人がいることは、本では読んだことがあったが、実物を見たのは初めてであった。

（『知的生活の方法』二四〜二五ページ）

佐藤順太の「書斎」を見た渡部はかれを「生涯の師」と仰ぐようになったのである。佐藤は英語の辞書であればつねにCOD（『コンサイス・オックスフォード・ディクショナリー』）を参照し、『伊勢物語』ならば注釈は江戸期の藤井高尚《たかなお》にかぎるとし、そして当時は『怪談』の著者ぐらいにしか考えられていなかったラフカディオ・ハーン（小泉八雲）の文学性を見抜いて極美の『ハーン全集』を揃えていた。そんな老教師を間近に見て、「佐藤先生のように老いたい」というのが念願となり、理科系のコースから文科系のコースに移っている。

佐藤順太を囲んで

ならば若き渡部昇一が憧れた「知的生活」とはどんなものだったのか。それは簡単にいえば――みずからが興味ある分野の書物を一冊一冊買い集め、自分用の小さな図書館《ライブラリー》をつくることに悦びを感じることであり、その蔵書を手にし、それを読み込み、自分の考えをあらたにしていくことを生活の一部とすることであっただろう。

佐藤順太に親炙《しんきゆう》することからスタートした「知的生活」の実践が、晩年にはなんと十五万冊という蔵書を収める個人図書館《パーソナル・ライブラリー》を有するまでになったことは周知のとおりである。

話を旧制中学の時代に戻す。

「ずっと求めてきた師にめぐり会った」という思いは勉学熱を駆り立て、学業成績はみるみる上がっていった。また、戦前は敵性語だった英語が解禁になったばかりか、戦後社会では英語熱がにわかに高まったため、学内には英会話サークルまでつくられた。それは一学年下の生徒たちが組織したものであったが、渡部もそのメンバーに加わり、かれらよりも年長だったため、「チョーサー」という綽名を奉られている。チョーサーとは、いうまでもなく英文学の祖ともいうべき『カンタベリー物語』(岩波文庫に完訳あり)の作者である。

大学進学は天佑神助

昭和二十三年(一九四八年)春、五年制の旧制中学を終えると、学制改革によって改称された鶴岡第一高等学校(現・鶴岡南高等学校)の第三学年に編入された。旧制中学が五年だったから、あと一年履修すれば計六年、現行の中学三年、高校三年と履修年月が等しくなるという計算だ。

高校三年生のときの成績もきわめて優秀で、卒業生総代として高校を卒えた。

ところが、大学進学となると、これは絶望的な情況にあった。

主として母親が切り盛りする生家の「あぶらや」程度の収入では、息子を東京の大学に進学させることはムリだったからだ。《東京や仙台に住んでいるなら何とか大学に通えるかもしれないが、敗戦直後の田舎町から大学のある都市に出て、下宿代を払い、学費を払うことはまず不可能な話だった》（『渡部昇一　青春の読書』一八三〜一八四ページ）と、当時を振り返っている。敗戦直後の東京には親戚もなければコネもない。いったい自分はどうしたらいいのか……と、若き渡部昇一は将来を案じて心屈《こころ》し、暗澹《あんたん》たる思いに沈んだに相違ない。

　すると、天佑神助《てんゆうしんじょ》か――、

　偶然の機会で父は定職に就いた【木田元との対談では、当時隆盛の闇市の事務長格の職だったと明かしている―松崎注】。つまり、生れて初めて五十歳を超えてから、父は人並みの給料をもらう身分になったのだった。（中略）そして次の年の昭和二十四年になった時、私は思いもかけず、大学受験できることになったのだ。

（同書二四五〜二四六ページ）

渡部昇一はその談話のなかでしばしば「運」について語った。軍人であれ、経営者であれ、また平凡な庶民・大衆であれ、運のいい人とそうでない人がいる。ならば、その差はどこにあるのか？　幸運を確信する習慣があるか否かがその人の運を左右する、というのが結論のひと

戦後の学制改革により、昭和23年（1948年）4月から新制・山形県立鶴岡第一高等学校3年に編入

つであった。
　幸運を確信している人は物事がうまくいくと、「運がよかったからだ。努力は二、三割」と考えるが、ふつうの人は「自分の努力が実ったからだ」と考える。うまくいっているときはどちらにしても大差はないが、逆境に見舞われたときにちがいが出てくる。幸運を確信している人はなにかよくないことが起こっても物事を明るく受け止めるが、そうでない人はあれこれと屁理屈を並べ立てた挙句、落ち込んでしまう。それでは運は逃げ去るばかりである……。口述取材のなかでわたしは、そんな趣旨の言葉をしばしば耳にしたものである。
　こうした人生哲学の下地には、大学受験のときのみずからの体験があったのではないか。それというのも、上記の「父親の就職」には後日談があるからだ。入学試験に合格して――、
　四月に私だけ上京して、上智大学文学部英文科生になった。そして七月に夏休みで帰省してみると、父は職を失っていた。つまり、父はその八十四年の生涯のなかで、まともな給料

を受け取った期間は約二年半くらいだ。それは全く偶然であり、天か神様が私を大学に入れるために、父に短期間の定職を与えてくれたとしか思えないのである。いまになって考えても、どうしてもそう思わざるを得ないのだ。（同書二四七ページ。傍点松崎）

上智大学文学部英文科学生・渡部昇一はこうして誕生した。そこで、《いまでも「運」を考慮に入れない人生観は軽薄、あるいは机上の空論としか思えない》（同書二五一ページ）と記しているが、それはまさに痛切な実感であったにちがいない。

第二章　幸運の人

「点取り虫」の貧乏学生

上智大学に入学したのは一九四九年（昭和二十四年）、時に十八歳であった。

渡部が上京したのは敗戦後わずか四年の春だったから、当時の東京にはまだまだ焼け野原がたくさん残っていた。渡部の所蔵洋書九六七八点の書誌記録である*Bibliotheca Philologica Watanabeiensis*（雄松堂書店）の英文の「序」は小さな自伝になっていて、それによれば上智大学のある四谷や近隣の赤坂あたりは瓦礫《がれき》だらけで、空にはヒバリが鳴いていたという。そして、Japan was a literally burnt-out country and Tokyo was a holocausted city.（xxiiページ）とある。日本は文字どおり焼き尽くされた国であり、東京はホロコーストされた都市である、というのが上智大学に入学したときの都内の景色だった。

じつをいえば、第一志望は恩師・佐藤順太が学んだ東京高等師範の後身・東京文理科大学（前

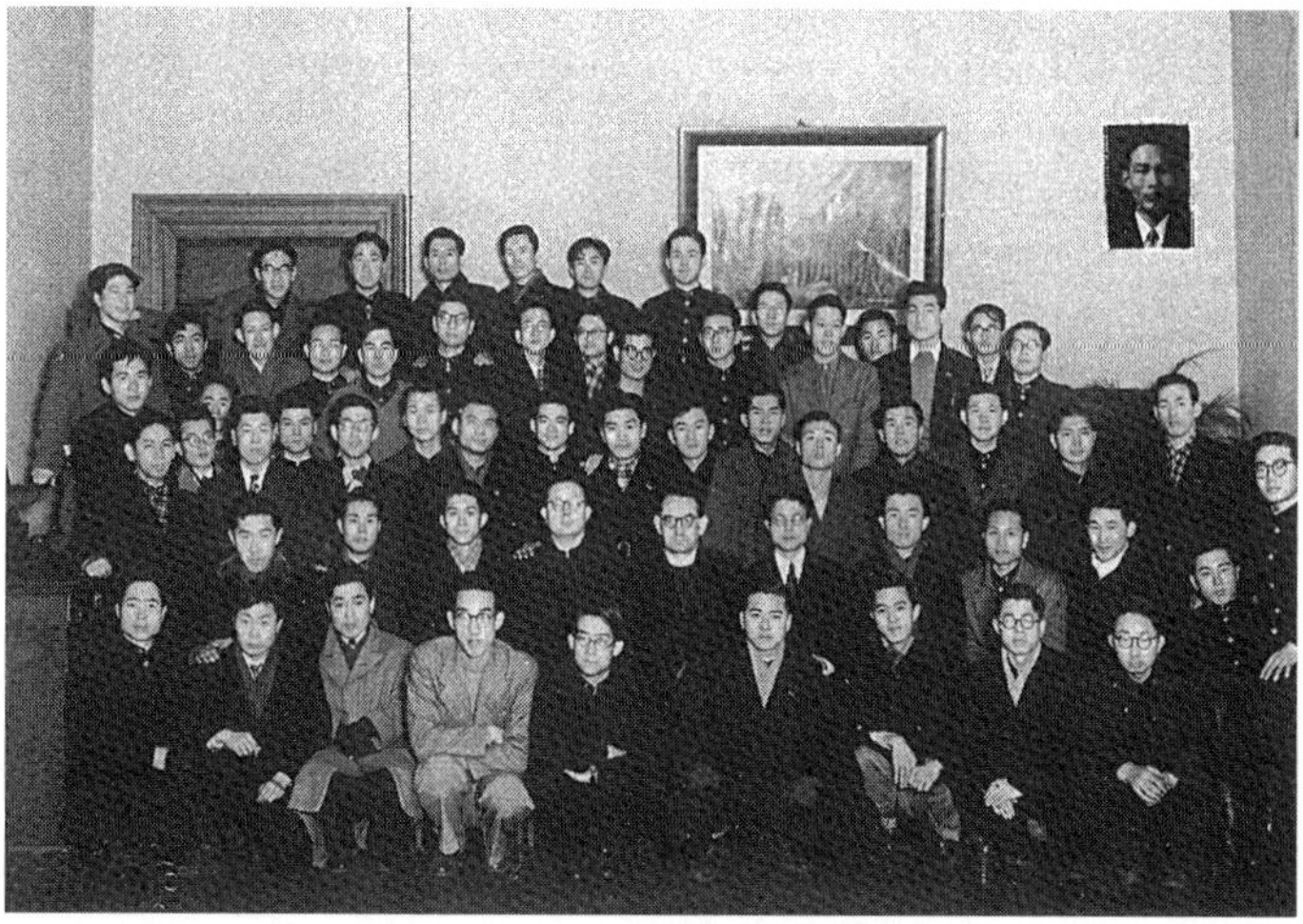

昭和24年（1949年）、上智大学文学部英文科入学。前列中央が昇一

記のように現・筑波大学）であったが、学制改革の影響を受け、この年の国公立大学の入学試験は上智大学入学の二か月後の六月に延期されていた。入学後、いったんは文理大を受け直そうと思ったものの、カトリック（イエズス会）の創設になる上智大学の授業にすっかり魅せられてしまい、文理大は受験しなかった。《当時の上智は卒業生に著名人もいない、学生数五百人ぐらいの零細大学であった》（WAC刊『知的生活の方法・音楽篇』五三ページ）が、例外的に外国人教授が多く、またキリスト教系の学校ゆえGHQの目も厳しくなく、自由な校風にすっかり魅了されたためであった。GHQは当時、「神話や建国の歴史を教えてはいけない」という指令を発していたが、上智大学の一般教養の授業では『古事記』や『万葉集』も取り上げられた

という。

ちなみに、当時の外国人教授にはボッシュ（ドイツ人の神父で、哲学を教えた）、ロゲンドルフ（ドイツ人ながらフランス、イギリスの大学でも学んでいる）、ロゲン（ドイツ人で、ケンブリッジ大学英文科卒）、ライエル（イギリス人で、ダーウィンに影響を与えたライエル卿の孫）、ヒーリー（アメリカ人）、ベジノー（フランス人のラテン語教師）、ロビンソン（修辞学を教えたアメリカ人）……といった人たちがいた。

入学して最初の授業はこう回想されている。

最初の時間が【ロゲンドルフ―松崎注】先生の宗教学であった。レクチオ・ブレヴィスとラテン語を黒板に書かれた。「ヨーロッパの大学では、学期の最初の講義は短くしてもよい、という習慣があるから、今日は短くしましょう」ということだった。この学期始めの「短い講義」をレクチオ・ブレヴィスというのだ、ということだったが、ラテン語をさらさらと書く人を私は生れてはじめてその時に見た。

それから先生は西ヨーロッパの文化の危機状況を語られた。西欧の没落が、シュペングラーとか、トインビーとかの名前と共に出てきたが、そんな名前は私はそれまで知らなかった。田舎からポッと出て来たばかりの私は、たまげてしまった。「大学というのはえらいところだ」

と思った。

先生の話は次から次へと続き、結局、レクチオ・ブレヴィスにはならなかったと記憶する。

（文藝春秋刊『古語俗解』二七三～二七四ページ）


父親が定職を失っていたかれは仕送りなどいっさい期待できない貧乏学生であったため、大学の構内にあった学生寮に入った。「寮」といっても進駐軍払い下げのトタン屋根のカマボコ兵舎（第四寮）で、夏は外よりも暑く、冬は外と同じくらい寒い。部屋ごとのドアなどはなかったから、冬、外のドアが開くと冷たい風がドッと吹き込んできたという。当然、トイレや洗面所もなく、部屋はいいときで六畳間にふたり、さもなければ四畳半にふたりであった。

山形県酒田市の本間家が設立した「荘内《しょうない》育英会」から奨学金（当時の金額で二か月千五百円）をもらいながらの極貧に近い生活であったから、タバコは吸わず、喫茶店にも入らず、映画など見ることは一度もなかったという。《私より貧しかった人間はいなかったと断言してもよい》（『知的生活の方法』八二ページ）と書き記しているほどだ。

腹が減ると外食券食堂に入り、かならずいちばん安い十三円のメニューを注文した。すなわち、どんぶり飯と味噌汁、それに香の物だけ。《弊衣破帽《へいはぼう》は言うも愚かなりで、服は戦時中に配給になったカーキ色のもの、靴も同じようなものだったが、底がはがれていた。髪はぼうぼうでひげも滅多に剃らない》(「作法の政治学」、『読中独語』一六九ページ)という風体《ふうてい》だった。ただし、一足だけはふつうの靴をバザーで買い、教授の家を訪ねるときにそれを履《は》いた。靴下もふだんは丈夫な軍足で、ふつうの靴下を履くのはやはり教授宅を訪れるときだけであった。《ガール・フレンド一人なき学生時代》(同書一七三ページ)であったと記している。

いってみれば、青年・渡部はみずからの「宿命」を受け入れながら、その一方でなんとかして現状を打ち破ろうという不撓不屈の精神に燃えていたのである。そうでなければ無気力におちいるか、ニヒリズムに捉われてしまうではないか。そんなものには堪えられないから、「宿命」に甘んじたり、そこから逃げたりするのではなく、「宿命」とがっぷり四つに組み合って、その先に「自由」を求めようとしたのである。

『知的生活の方法』には当時の日課が記されているので、それを整理しておこう。

・午前四時四十五分　目覚まし時計をセットして起床、洗面。そして毎日、冷水をかぶる。
・五時　机に向かい、英文を読み、英作文に励む。
・七時半　朝食。
・八時半　授業がはじまる。
・午後一時　昼食。
・午後二時　当時は午後の授業がなかったので復習と独習。

・午後十一時　消灯、就寝。
たいへんなスケジュールである。文字どおりの勉強漬けだった。「私心がなく、粘り強くはたらく」と評されることの多い東北人でなければ、やろうと思ってもやり通せないような日課である。青年・渡部はそれをなしとげたのだ。

それにしても、なぜこれほどまでに勉強、勉強、勉強……の日々を送ったのかといえば、授業料の要らない特待生になるためであった。一年目の授業料は全納してあったが、二年目以降となると、父親の失業のためおぼつかない。そこで、大学生活を送るには特待生になることを至上命題としたのである。そのための――、

確実な道は、その学科で首席になることである。時には一学科から特待生が二人ぐらい出ることはあるが、それは当てにならない。一番であれば大丈夫である。（中略）
一番になるためには「点取り虫」にならなければならない。（中略）その時に「嫌だな」と思ったのは、必ず一番になるとすれば、同級生の成績が気になるだろうということだった。他人の成績が気になるということは、いかにも卑小で恥ずかしいことに思われたのである。
そうしないで必ず一番になる道はないか、と考えた時、「すべての教科で百点を取ることだけを目的にすればよいのではないか」というアイデアが浮かんだ。そして、それを断乎実行

しようと決心した。

（『渡部昇一　青春の読書』二八〇～二八一ページ）

いま、こう書き写しながら想像すると、鬼気迫る貧乏学生の姿が浮かんでくる。だが、そうまでしなければ学生生活をつづけられるかどうかわからなかったのがかれの青春時代であった。当時の渡部の写真を見ると、温厚な顔をしているが、しかしその胸の内にはなにがなんでも一番になるという闘志が燃え盛っていたはずである。

カトリックへ改宗

そんな青年学徒がカトリックの洗礼を受けたのは大学二年生のときであった。洗礼をほどこしたのは神父でもあった哲学教授のボッシュだった。十九歳ないし二十歳のことである。『パスカル～「冥想録」に学ぶ生き方の研究』（致知出版社）では、改宗についてこう述べている。

決断の理由となったのが、実は『冥想録《パンセ》』に書かれている「賭の精神」を読んだことであった。パスカルの研究家は無数にいるだろうし、翻訳家もたくさんいる。しかし、『冥想録《パンセ》』によってカトリックの洗礼を受けようと決心した人間はそれほど多くはないはずである。

（一七ページ）

このとき読んだのは白水社版『パスカル冥想録』（由木康訳《ゆうきこう》）であった。初版は昭和十三年だが、戦後、この第二十九刷を古本屋で買い、寮で読み進めるうちに、「神が存在するか否か」をめぐる「賭の精神」（由木訳が依拠するブランシュヴィック版では断章二三三、現在主流となっているラフュマ版では断章四一八）に出遭い、衝撃を受けたのだった。じつをいえば、「賭の精神」にかんするブレーズ・パスカルの記述はかなり間怠《まだる》っこしいので、以下、山上浩嗣《やまじょうひろつぐ》『パスカル「パンセ」を楽しむ』（講談社学術文庫）に拠《よ》りながら要約する。

――神が存在するか否か、これはどちらが真であるか断定することができない。それはコイン投げと同じである。投げる前には、表が出るか裏が出るかを知ることができない。そこで「表」を「神は存在する」、「裏」を「神は存在しない」とすれば、「信仰」とはコイン投げで「表」に賭けることだ。表、裏が出る確率はそれぞれ二分の一である。

ゲームの〝参加料〟は現世における生涯全体だ。表が出たばあい（神が存在するばあい）、勝者には「無限に幸福な無限の生命」が与えられるが、裏が出たばあい（神が存在しないばあい）の配当はゼロである。ただし、表と裏のいずれにも賭けないという選択肢はない（『パンセ』には、「だが、賭けなければならない。それは随意のものではない。君はもう船に乗りこんでいるのだから」とある）。

このとき、裏を選ぶ（神が存在しないほうに賭ける）のは愚か者だ。配当が得られる可能性があるのは表に賭けた者だけであり、しかもその配当は数字に置きかえれば「無限大」（∞）なのだから。（二三一〜二三二ページ参照）

じっさい、「神は存在する」に賭けて、神がいたら大いなる悦びを得るが、神が存在しなくてもそれだけの話である。逆に、「神は存在しない」に賭けて、神がいなかったら、やはりそれまでの話だが、もし神が存在したら……そのギャンブラーは神からどれほどの怒りを買うことだろう。そうであれば、ためらうことなく「神は存在する」のほうに賭けるべきだというのがパスカルの意見であった。

若き渡部昇一はこのくだりを読み、そしてパスカルが二度までも神の奇蹟を体験し、回心したことを知ってキリスト教への改宗を考えはじめた。

パスカルの最初の奇蹟は「火の夜」と呼ばれる体験だ。『パンセ』の秀れた翻訳者・田辺保の『パスカル 痛みとともに生きる』（平凡社新書）によれば――それは一六五四年十一月二十三日の夜十時半から零時半までのことである。フランス語訳の聖書を読んでいると、白熱の光をきらめかせた「火」が見えたという。実際の目というより心の目に「火」が見えた。パスカルは生涯そのことを語ることはなかったが、死後、遺品を整理していると、ふだん身につけていた胴着の裏に一枚の紙片が縫いつけられていて、そこにはこう書かれていた。《大きく「火」

の文字。「アブラハムの神、イサクの神、ヤコブの神、哲学者や学者の神ではない、イエス・キリストの神」「確実、確実、よろこび、平安」「よろこび、よろこび、よろこび、よろこびの涙」……》（七九〜八〇ページ）と。「火」を通してパスカルは神を見たのだ。

二度目の奇蹟については『渡部昇一　青春の読書』から引いておこう。

パスカルの姉の娘、つまりパスカルの姪のマルグリットが涙腺炎を患い、三年半も悪化する一方で、膿が目からだけでなく、鼻や口からも出るようになった。パリの最も有能な医者たちも匙をなげた。

ところが、彼女がキリストの「荊《いばら》の冠」の遺物と言われていたもの――聖荊《せいけい》――に触れたらすぐに治ってしまったのだ。フランスの有名な医師・外科医たちも証明し、カトリック教会も厳正な判断をしてそれを奇蹟と認めた。パスカルは自分の近親のものに奇蹟が起こったことで、心魂を奪われるほど感激したのである。

（三三八〜三三九ページ。「奇跡」を「奇蹟」に統一した）

この体験は「火の夜」の一年半後、一六五六年三月二十四日のことであった。

パスカル自身は姪のこの奇蹟にかんして次のように書いている。パルカルの有名な「隠れています神」という思想である。

神が絶えず人間に自らをあらわし給うものならば、信ずることには何の価値もなくなりましょう。またもし決して現われ給わないなら、信仰は殆どなくなってしまうでしょう。だが神は、不断は自らを隠し給い、神に仕えようと思う人々に、稀に現われ給うのです。

（和田誠三郎訳「パスカルからロアネス嬢への書簡」、人文書院刊『パスカル全集』Ⅰ、三五五ページ）

『パンセ』の「賭の精神」とパスカルの二度におよぶ奇蹟体験は一種のスプリングボードとなった。青年・渡部はしばらく迷った挙句、カトリックの洗礼を受けた。霊名は神学者トマス・アクィナスにちなんだ「トマス」であった。

渡部の実家の宗教はもちろん仏教であったから、それなりの葛藤《かっとう》があったのも当然だろう。

母は先祖の霊が存在し、絶えず自分を見守っていることを生き生きと実感した人である。そして自分の愛する息子がキリスト教になることを心配した。自分は祖先のもとに帰りたいが、息子が別の宗教になってしまったら、自分と再び一緒になれないのではないか、という（中略）考え方をしていたものである。私は長男であり、しかもあとは女のきょうだいだけであるから、私が西洋の宗教に入信すれば、先祖の祀りは絶えることになると母は思ったのである。（「天皇について」、PHP文庫『文科の時代』六六ページ）

母親思いの人であっただけに、「先祖の祀《まつ》りが絶える」という母の危惧と不安は痛いほど胸に突き刺さったことだろう。

しかし、ルビコンを渡ったのだ。

○

渡部昇一は着実・勤勉な英語学者であったが、後述するように（第六章）、互いにかけ離れた二項をスパークさせ、そして意想外の論を展開する閃《ひらめ》き（セレンディピティ）に富んだ知識人でもあった。パスカルの「賭の精神」と二度にわたる奇蹟に接したときも、なにかピンと閃くものがあり、それに引きつけられたのであろう。《神秘体験というのは本人以外には説明しようがないけれども、体験した人には疑念の持ちようのないもの》（「歴史を見る目」、PHP文庫『腐敗の時代』九〇ページ）だと書いている。

宗教にはつねに「信」がなければならない。とすれば、かれはパスカルの賭けを信じ、奇蹟を信じたのだ。したがって、奇蹟にふれていないパスカル論は読むに値しないとまで言い切っている。

ひるがえってみれば、生涯の師・佐藤順太との出会いも、また大学受験のときだけ父親が定職を得たのも、いずれも一種の奇蹟と感受していたのではあるまいか。パスカルの奇蹟にたいしても感応するなにかがあったにちがいない。

米留学の選に洩れた特待生

アメリカへの留学の選抜に洩れたのは同じ大学二年のときだった。これについても『渡部昇一 青春の読書』に耳を傾けてみよう。

その頃の上智大学では時々、アメリカの姉妹校（イエズス会経営の大学がたくさんある）から奨学金が出て留学する機会があった。昭和二十五年には三つの留学の話があったのである。英文科の特待生であった私が選ばれるだろう、と私も同級生たちも、また日本人の教授たちも思っていた。ところが私は外された。

これはちょっとした話題、あるいは問題になった。学生寮のなかでも、「成績が留学の資格にならないというのはおかしいではないか」という話が盛り上がった。そして、副舎監であった（中略）ニッカーソン先生はこう答えたというのである。

「勉強よりもAmerican way of life（アメリカ流の生き方）のほうが大切なのだ。渡部は社交性

（sociability）に欠けるから、アメリカの留学には適当でない」（五六一ページ）

思い出してほしい。若き渡部昇一は貧しいこともあって弊衣破帽、髪はぼさぼさヒゲぼうぼう、ほとんど一日中カマボコ兵舎に閉じこもって勉強に次ぐ勉強を重ねる「点取り虫」であった。また、戦時中の学徒勤労動員を振り返っては「団体行動が極端に苦痛なのである」という述懐をしていた。「社交性に欠ける」というのは的確な指摘だったのである。明るく陽性だった後年の姿からは想像できないほど鬱勃《うつぼつ》たる雰囲気を漂わせていたのではないだろうか。

本人は「一応はがっかりした」といっているが、落胆してばかりはいられない。三年生でも特待生でいられるよう、全教科百点をめざさなければならなかったからだ。

このあたりで、《英文和訳や和文英訳や英文法はことごとく知力の極限まで使ってやる格技なのである》（「英語教育考」、『腐敗の時代』一三〇ページ）と信じるかれの英作文の勉強法（原文復元法）をみてみよう。テキストは、のちにみずから共訳することになるP・G・ハマトンの『知的生活』（*The Intellectual Life*）であった。

・まず、英文の一部のパラグラフを丁寧に読み、頭に入れる。
・それを日本語に訳し、ノートに書く。
・それから、自分の和訳を見ながら英文を復元する。これは、完全にできるまで何度でもくりかえす。

・翌朝、前の日に訳した日本文を見て、ふたたび英文を復元する。記憶が曖昧なときは何度でもやり直す。

・日曜日は、その週にやったパラグラフをすべて英文に復元し、おさらいをする。形容詞がちょっとちがっていても、もう一度全文をやり直す……。

スポーツになぞらえれば、これは相当なハード・トレーニングである。そのせいか、すっかり体調を崩した挙句、さすがにこの厳格すぎる方法を反省している。《もう少しゆるやかにして、一回に三個所以下のあまり重要でない単語の違いしかなかったときは、それでOKにすべきだった》（講談社現代新書『続・知的生活の方法』二〇三ページ）と。

それにしても、昭和二十年代にハマトンの『知的生活』やサミュエル・スマイルズの『自助論』を読む学生というのはかなりズレていたといわざるをえない。というのも、当時の流行はマルクスであり、エンゲルスであり、またカミュであり、サルトルであり……という時代だったからだ。しかし、全教科にわたって満点を取り、特待生のまま大学を終え、さらには大学院をめざそうという以上、わが道を貫くしかなかった。「実存だ」「革命だ」と叫んでいる暇《ひま》などなかったのだ。フランシス・ベーコンからジョン・ロック、デイヴィッド・ヒュームへと流れる「イギリス経験論」に学んだかれはすでにこのころから地に足がついた考え方をもち、時代の風潮に流されるようなことはなかった。

ついでに記しておけば、夏休みで帰省したときは、テキ屋のアルバイトまでしている。当時、衣類などの流通経路は複雑で、産地→東京・横山町の問屋街→新潟の問屋→鶴岡の問屋→鶴岡の商店というルートを取っていた。そこで、半期分の奨学金を前渡しされると夏休み前に横山町を訪れ、商品を仕入れて、それを鶴岡周辺で売りさばくという内職をしたのである。そのために、テキ屋といっしょに村から村へ、夏祭りを追いかけながら商品をさばいている。夏祭りは時期が集中するため、その間は家には帰らず、神社の社殿や寺の軒先で寝たという。

木田元との対談『人生力が運を呼ぶ』では、こう語っている。

流通経路を短縮して中間マージンを排除するのがスーパーマーケットなど近代的小売業の鉄則です。私はスーパーマーケットが出現するはるか以前の昭和二十年代にこれをやったわけです。流通革命の先駆者ですな（笑）。だから、周りに比べたら利益率は圧倒的に高い。値下げする余裕もあるから、価格競争にも強い。まだまだ物は不足していたから、売れましたね。投資した奨学金を回収したのはもちろん、たっぷり利益も出して、休みが終わって上京するときには、五百円ぐらいだったと思いますが、家計の足しにと母に置いてくることもできました。

（一三七〜一三八ページ）

若いときから苦労人であり、また、なかなかの商売人でもあったのだ。

それだけに、書籍や古書には大金をつぎ込んだが、身のまわりの品にはあまり執着しなかった。「渡部昇一」という文名が高まってからも、時計はたしか国産品、ネクタイはあてがわれたもの（一時期、締めていた「ドラえもん・ネクタイ」は別かもしれない）で、鞄も軽くて丈夫な人工皮革のようだった。ペンはたしかパイロットだったし、ボールペンも百円か二百円のごくありきたりのものであった。

○

一九五三年（昭和二十八年）、上智大学文学部を卒業しているが、このときも卒業生総代であった。

卒業論文のテーマは「ラフカディオ・ハーン（小泉八雲）の宗教観」。《ハーンのキリスト教嫌い、特にイエズス会嫌いは有名であったから、イエズス会の創立になる上智大学の英文科の卒業論文としてはあまりふさわしくないものだったと思われる》（『渡部昇一 青春の読書』四三五ページ）と自嘲気味に記しているが、主題としたのはハーンの主著ともいえる『神国日本』であったから、卒論のポイントはまさに「日本の神」にあった。この点で、のちに独自の〝渡部日本史〟を展開する萌芽《ほうが》はすでに兆《きざ》していたというべきであろう。

英語はドイツ語の一方言

大学を卒業すると、大学院の西洋文化研究科英米文学専攻の修士課程に進み、二年後の五五年（昭和三十年）三月、修士課程を修了している（文学修士）。修士論文は「ベン・ジョンソンの英文法書の研究」であった。

もっとも、十七世紀イギリスの大古典学者として知られるベン・ジョンソンの *English Grammar* はかなりの難物だったようだ。《英文法の本なら、三百年前のものでも簡単に読んでわかるだろうと思ったら、あにはからんや、言っていることがチンプンカンなのである》（『英文法を撫でる』一三五ページ）。ラテン語の引用文が頻出するやら、品詞の分類法がまるで異なるやら、途方に暮れていたところ、大学院には進まず洋書輸入会社へ入社した友人がロゥビンズという学者の講演録（「ヨーロッパにおける古代中世文法理論」）を取り寄せてくれたという。その本で品詞分類の歴史の大筋を摑み、なんとかジョンソンの『英文法』なるものを読みほぐしたと、ホッと安堵《あんど》の胸を撫《な》で下ろしている。

修士課程を終え、英文科の助手になったばかりのころ、大きな転機がやってきた。大学院の主事をしていた前記ロゲンドルフ（英仏の大学でも学んだドイツ人）から「ドイツ留学」の誘いを受けたのである。

あとで知ったところによると、その頃のドイツのミュンスター大学の学長が上智を訪れて、「何か援助することはないか」と当時の大泉孝学長に言われたとのことだった。当時の西ドイツ【東西ドイツが統一されたのは一九九〇年である――松崎注】は復興目覚ましく、経済的にも余裕があったのでそう申し出られたのである。

大泉学長は「特に御援助はいらないが、留学生を受け入れていただきたい」と答えられたので、二人のドイツ留学生が決まったという。一人は独文科の助手で問題なかったが、もう一人の経済学部の助手はドイツ語を全くやっていないのでどうしようか、ということだったらしい。

(『渡部昇一 青春の読書』五六四ページ)

そこで、英文科の学生ながら大学一年のときからドイツ語の授業に出席をつづけ、授業のなくなった大学院時代も当時から有名だった関口存男《せきぐちつぎお》のドイツ語の文法書を自習し、さらにはスマイルズの『自助論』の独訳本も読み進めていた英文学修士の渡部に白羽の矢が立った。ではなぜ、大学一年生のときからドイツ語の授業を受けつづけていたのかというと、英語の音声学を教えていた教授・千葉勉がつねづね「イギリスの英語学はドイツの英語学より五十年遅れている」と口にしていたからである。そのため、英語学を研究するにはドイツ語もやらなければならないと思い定めていたのだった。

それにしても、英語学といえばイギリスの言語についての学問ではないか。どうして本家本元であるイギリスの英語学がドイツの英語学より五十年も遅れているという、そんな珍妙な現象が起こるのか？　わたしはまったくの門外漢なので、以下、渡部の『講談・英語の歴史』（ＰＨＰ新書）をおさらいしながら、その理由を展望しておこう。

○

イギリス本島ともいうべきブリテン島は、もとはヨーロッパ大陸と陸つづきであったが、やがて大陸から離れ、ひとつの島になった。そこの先住民は現在のバスク人（フランスとスペインの国境に住む）に近かったのではないかと推定されている。

そんなブリテン島に、アルプス以北の地に住むケルト人が移住してきたのは紀元前五〇〇〜六〇〇年のことであった。新しく入ってきたケルト人は先住民をスコットランドの山地へ押しやったらしい。

ところが、西暦四五〇年ごろ、今度は現在のドイツ北西部を故地とするゲルマン人（アングル人とサクソン人）が移住してきて、先のケルト人を島の奥地に追いやり、六〇〇年ごろにはすっかりブリテン島に根を下ろしたのである。イギリス人のことをしばしば「アングロ・サクソン」と呼び習わすのは、アングル人およびサクソン人がイギリス人の祖だからである。言い換えれば、イギリス人はゲルマン人にほかならないのである（いまも北ドイツには「アンゲルン」

という土地があり、「ザクセン」という地方もある）。

したがって、五世紀半ばごろから使われた古英語（オールド・イングリッシュ）は《今のドイツ語の一つの方言と考えるのが一番近いだろう》（五四ページ）といわれる。

九世紀から十世紀ごろになると、ヴァイキング（ノルマン人）がブリテン島を荒らしまわるようになり、その一部は定住し、古英語とヴァイキングの言語は混淆した。一例を挙げれば、古英語の「かれら」はhie《ヒー》、「かれ」はhe《ヘー》といったが、聞き分けにくいので、それぞれヴァイキングの言葉であるthey《ゼイ》とhe《ヒー》に置き換えられたという（八五ページ参照）。

イギリス史上最大の出来事というべき「ノーマン・コンクエスト」が起きたのは一〇六六年である。フランスのノルマンディー地方に勢力を張るヴァイキング（ノルマン人）出自のノルマンディー公ウィリアムがイギリスの王位継承権を主張してブリテン島に攻め上ってきた。そして、一〇七一年に完全にアングロ・サクソンを平定すると、ウィリアム以下、フランスの貴族や聖職者がドッと移り住んできた。それによって上流階級はフランス語、一般庶民は古英語という二重言語の社会になり、さらに英語とフランス語が入り交じった中英語（ミドル・イングリッシュ）の時代を迎えることになるのである。

ノーマン・コンクエストでアングロ・サクソンが下層階級に落ち、フランス語が公用語になると、約三百年間【一一五〇年ごろから一五〇〇年ごろまで―松崎注】、正式の英文学はほとんどないし、英語の公用文書もないに等しい。（一〇二ページ）

そんな惨状を呈するようになった。

その後、十七世紀フランスでは「アカデミー・フランセーズ」がつくられ、フランス語の統一と洗練が図られるようになったのにたいし、イギリスではそうした気運はまったく盛り上がらなかった。イギリスにおける英文法は《中世のラテン文法をなぞったものもあったし、（中略）文法書としての完成度から言うと中世のラテン文法より遙かに劣るものとなった》（『英文法を撫でる』一六八ページ）。

以上のような事情から、「ドイツ語の一方言」ともいうべき英語のイギリスにおける研究は「ドイツにおける英語学より五十年遅れている」といわれるようになったのである。

ドイツ留学

「社交性（sociability）に欠ける」という理由で、アメリカ留学の選抜に洩れた経験があるだけに、ドイツへの留学が叶ったことはどれほどうれしかったことだろう。《英文科だからアメリカかイギリスへの留学と考えるのは当然であるが、学問としての英語学ということを考えると、【前節で述べた理由により―松崎注】これこそ天が私に恵んで下さった大幸運であった》（『英文法を撫でる』一三八ページ）と書いている。

昭和三十年当時、留学をするには招待してくれる国がなければならなかった。渡航費や学費、滞在費が相手先の国から支払われるという証明書が必要とされ、それが揃ったら大蔵省へ提出し、なにがしかの外貨が割り当てられるという仕組みであった。身の回りの品も多くもって行くことができなかったため、たずさえた日本語の本は幸田露伴評釈の松尾芭蕉『猿蓑』（岩波文庫）一冊だったという。

ミュンスター大学に赴いたのは五五年十月だった。その第一印象は《森だ、木だ。木ばっかりだ》（講談社現代新書『ドイツ留学記』上、一八ページ）と記されている。

飛行場のあるデュッセルドルフから、私に奨学金を与えてくれる大学のあるミュンスターまでは急行で四時間近くかかる。（中略）

駅についた時は、もう冬は日の短い北欧のこととて真っ暗になっていた。（中略）雲のため月なぞは照らない。両側にリンデンらしい巨木が並んでいる。（中略）ヘッドライトに照らし出されている所をいくら睨んでも、見える限りは巨木のトンネルを通っている感じだ。「これが町の中なのかな」と首をかしげる。そのうちタクシーはやはり大きいリンデンの並

ドイツ留学時代の思い出の一枚

木のある所で停る。

「ここです、パウルス・コレーグ【英語でいえば「カレッジ」―松崎注】というのは」と言う。車外に立って見ても、やはり両側は木ばかりで、何が何やらわからない。

しばらくして、闇に慣れた目を凝らして見ると、この並木の奥の方が家になっているらしい。……（一六〜一八ページ）

留学先での専攻は英語学および言語学であった。

以下、『英文法を撫でる』や『知的生活の方法』、『知的読書の技術』（ビジネス社）などの記述によって留学時代の研究生活を再現してみれば——英語学の担当教授はシュナイダー、言語学のそれはハルトマンといった。現地に到着するや、両教授を訪ね、「博士論文を書きたい」といったらヘンな顔をされたという。それはそうだろう、第一、ドイツ語会話はまったくできない。英会話だってうまくないのだから。そんな日本人学生がいきなり「博士論文を書きたい」といったら、頭がおかしいのでは？　と思われて当然だろう。それでも「なにか書いたものがあれば見せなさい」といってくれたのは遠来の客に気を使ってくれたからだろう。そこで上智大学に連絡して至急、修士論文を送ってもらったという。前述した「ベン・ジョンソンの英文法書の研究」である。

このときは、修士論文を英文で書いていたことがさいわいしたと述べている。もしもそれが日本語で書かれていたら……一巻の終わりだったろう。だが、《いまから見れば、英語の文章自体は単純だったと思います。しかし文章は明快で、言わんとしていることもよくわかる論文だったはずです》（『知的読書の技術』三〇ページ）。そのため、両教授から「博士論文を書く資格あり」というお墨付きをもらうことができたのだった。

それからはドイツ語の特訓がはじまった。前記・関口存男の『独作文教程』をおさらいする一方、会話のほうはドイツ語会話の本を丸暗記するとともに、学生寮の誰彼なしに話し相手とした。すると、一学期が終わるころ、なんと映画の会話がわかるようになったというのである

(もっとも、むずかしい会話の出てこない映画であったらしい)。

ドイツ語の作文のほうも、関口存男の『独作文教程』に取り組むほか、家庭に招待してくれた人にドイツ語で礼状を書いたり、留学に力を添えてくれた現地の人にドイツ文の手紙を書いたりしているうちに、長足の進歩を遂げた。初めのうちは学生寮のドイツ人の友人に添削してもらっていたが、二、三か月経ったある日、「もう直す必要はない」といってほめてくれたという。

二学期に入ると、エドワード・サピアの*Language*(『言語』)をテキストとするゼミナールに出席した。そして、その学期末にかなり長いレポートを提出したところ、《ハルトマン教授から夕食へ招待があった。先生御夫妻と私の三人の食事であったが、先生はワインを抜いて私のレポートを祝福して下さった。「非常に面白かった」と言われるのである》(『英文法を撫でる』一四一~一四二ページ)。

「ワタナベは天才だ!」

このレポートのせいか、翌年はハルトマンの副手のような仕事を命じられ、「月謝免除」にしてもらえたという(ミュンスター大学からの奨学金は一年間だけであった)。昼食(ドイツにおける正餐《せいさん》)もタダということになった。そうして博士論文の執筆に専念、わずか一年足らずで英文法書の起源にかんする三〇〇ページに及ぶドイツ語論文を仕上げている。
その内容は、以下のようなものであった。

「英文法がどうして出来たか」ということを本当に研究した学者はそれまで世界に唯一人しかいなかった。それはスイスのベルン大学のフンケ教授である。だから私の論文の価値は、碩学《せきがく》フンケの著述をどれだけ進めえたか、という一点にかかる。

フンケ教授はルネサンス期のラテン文法を手本にして十六世紀の終わりに近い頃から英文法が作られた、という主張である。私はそれを再検証したのであるが、品詞の定義などの肝腎なところでずれているところがある。すると初期の英文法にはルネサンス期のラテン文法書とは違う流れからも影響が流れ込んでいる可能性があるということになる。

（『英文法を撫でる』一四九ページ）

そこで大学図書館から一冊六〇〇ページ、全八巻という『ラテン文法全集』を借り出し、ルネサンス期のラテン文法書とは別の流れ（中世の通俗的な思弁文法と呼ばれるもの）を探り当て、碩学の見落とした穴を埋めたという。

コレと思い定めた対象に食らいつくと、粘りに粘って、ついにはそれを制覇してしまう。そここはやはり、東北人特有の粘りがあったと評すべきであろう。

碩学フンケの不備を突いた論文「中世のラテン語文法書が近世初頭の英文法書に与えた影響」をひっさげて博士試験を受けたのは五八年（昭和三十三年）の五月十八日であった。受験者は全校でただひとりだったという。しかも、《私のためにはプロのタイピストが論文を清書してくれることになった。その費用は何とドイツの大学が出してくれたのである。その上、出版までしてくれるところが出た》（同書一四七ページ）。ミュンスターにあるMax Kramer書店であった。

それにしても、二年足らずで博士論文を仕上げたスピードはシュナイダー、ハルトマンという両教授を驚かせたらしい。ふたりは「ワタナベは天才だ！」といって、信じがたい顔をしていたという。その秘密にかんしては——日本語で下書きをつくらず、書きたいことを英語で頭に浮かべ、それをドイツ語に置き換えていったと明かしている。上智大学および大学院時代、レポートをすべて英語で書いていたことがモノをいったというわけである。

再度、それにしても、二年前にドイツにやってきたときはドイツ語の会話力はゼロだったのに、どうしてかくも驚異的なスピードでドイツ語の博士論文を仕上げることができたのか？

その答えは——、

「英文法」なのである。（中略）私の語学（英語）は文法から入り、徹底的に文法的だったことである。それは江戸時代の漢学志望の若者が、返り点・送り仮名でシナの古典を読みほぐしたことに匹敵するほど徹底的に分析的にやったと思う。その徹底的分析の結果、卒業論文や修士論文、それに外国人の先生に提出するゼミナール論文等、すべてすぐに英語で書けるようになっていた。（中略）

私は、現代英語と現代ドイツ語は、見かけは大いに違うけれども、もともと西ゲルマン語として根が同じであるということを悟った。言語の表層の姿ではまるで違っているような英語とドイツ語が、ある程度、英文法を徹底的にやると、共通の基底にあるものが身につくらしい、ということである。

（同書一四四〜一四五ページ）

じっさい、かれは《英文法に憑《つ》かれた文法少年》（同書三ページ）であった。たとえば――英文法にかんする本を読んでいてGood morning.はYou have a good morning.を略したものであるという記述にぶつかると、いや、そうじゃない、それはI wish you a good morning！という祈願文を省略したものだと、とっさに反応する学生であった。あるいはWe were a sailor short.という文章を前にして考え込む青年だった。We wereは複数なのに、なぜa sailorという単数名詞がつづいているのか？　しかも、shortという形容詞がsailorの後ろに置かれている。

これはなぜか？　大きな辞書を引き、考え込んだ末、これはWe were (a sailor) short.という文章で、「われわれには水夫がひとり足りない」という文章だ、という正解にたどりつく。そんな「文法少年」だったというのである（上の例文は『英文法を撫でる』から借用した）。

こうした体験が、のちの平泉渉（自民党参議院議員）との「英語教育論争」において自説の根拠となった（第七章参照）。

遅れてきた青春

もちろん、三年間の留学は勉強漬けだったわけではない。

敗戦から十年しか経過していない五五年（昭和三十年）に外国に出るのは、当時の日本人にとってきわめて稀有な体験であった。経済白書に「もはや戦後ではない」という有名な言葉が載るのは翌五六年のことだ。五五年は道路なども舗装されていないところが多く、電力不足のためにしばしば停電もした。日本はまだ貧しい東洋の一小国であった。前にふれたように、上智大学の学生寮は進駐軍払い下げのトタン屋根でできた兵舎だったから、夏は暑く冬は寒く、トイレや洗面所もなかった。ところがドイツへきてみると、戦後建てられた学生寮はセントラル・ヒーティングで、しかも各部屋には水が引かれているから部屋のなかで顔を洗うことができた。まさに天国と地獄ほどの落差があった。

同じ敗戦国なのに、どうしてこれほどまでの差があるのかと考えていたら、そのヒントは当時の首相アデナウアーの演説にあった。すなわち、アデナウアーは《「①外交においては徹底的にアメリカと歩調をそろえると同時に、②反共政策を堅持し、③経済は自由主義を選ぶ。したがって、統制経済は撤廃する」と、三つの路線を明確にしていました》(李白社刊『裸の総理たち32人の正体』一七四〜一七五ページ)。以後、この三点は渡部の政治思想の根底にすえられることになったのである。

それはさておき、ドイツの食もかれを魅了した。土地の人たちが好んで食べたシンケン・ブロート(黒パンに超大切れの燻製豚肉を載せたもの)とシュタインヘーゲル(ジンに似た地酒)はじつにうまく、滞在三年目に入ったころ、気がつくと、背が四、五センチ伸び、手足も長くなったようだと自分でも驚いている。栄養のせいであろう、疲れやすかった目もすっかり治ってしまったという。

そして、土地の貴族の館に招かれたり、友人たちと小旅行に出たり、ダンスを覚えて毎晩のように開かれる舞踏会に興じたり……と、愉しそうなようすは『ドイツ留学記』上下のあちこちからうかがえる。長男・玄一との共著『知的生活の方法・音楽篇』には、「すべての小川が流れるように」というフォークス・リート(民謡)に感動したエピソードが記されている。

あるときから、ドイツ民謡を好きになった。そのきっかけは、アジアとアフリカの留学生の代表者たちがアーヘン（ドイツ西部にある都市）に集まって、そこからドイツ国内のバス・ツアーに出かけたことである。そのときドイツの学生たちは、フォークス・リートといわれるドイツの民謡を合唱した。その歌は民謡というよりも小学唱歌に似ていた。事務局にマリアという明眸皓歯《めいぼうこうし》・金髪碧眼《へきがん》の若い女性がいた。マリアは「すべての小川が流れるように」という民謡を歌った。その歌声は私の心の琴線に深く触れた。その歌の中に本物のドイツがあるように感じられたのである。私はマリアに頼んで、なんとか旅行中にこの歌を歌えるようにしてもらった。（七〇ページ）

歌は苦手だったという渡部の音楽開眼であった。「ガール・フレンド一人なき学生時代」を送ったかれは、いわばドイツで〝遅れてきた青春〟を謳歌《おうか》したのである。

この『ドイツ留学記』上下巻をつうじてわたしの印象に残っているのは、後年の批評精神の萌芽がみられる次のような一シーンだ。――オーストリア・アルプスにある避暑地の国際シンポジウムに招待されたときのことである。「これまで西洋人は有色人種を下にみて、その文化の価値をゼロ同様にみなしてきたが、それは誤りである。あらゆる文化は同等に尊重されるべきである」というのが会議のテーマであった。すると、アフリカ人が「アフリカにはアリストテレスの思想と同じものがある」といったり、インド人が「インド文化は西欧のそれより秀れている」と胸を張ったりしていたという。それを聞いているうちに《少々浅間しくなった》(上、五八ページ)ので、以下のような意見を述べたと記している。

すべての国民の文化が同等に尊重されるべきであるというのは結構であります。しかし、すべての人が同権であることと、すべての人が同じ能力を持つということは違うように、すべての文化がそれ自身の価値を持つということと、すべての文化が同じように優秀であるということは別問題である。私はドイツの民謡もインドの民謡も、アフリカの民謡も同じように価値があるとは思うが、ベートーベンやバッハと、自分の国の民謡が同じに優れているというのは小児的国粋主義というべきである。私も日本古来の民謡を愛する。しかしそれが西欧の音楽の代用になってくれるとは思わない。(中略)

私は祖国日本が、一世紀も前に、西欧文化に反抗する人がいたにもかかわらず、これ【西欧文化―松崎注】を取り入れたことを喜ぶ。何となれば、もし日本が東洋思想のみにひきずられていたとしたら、日本もまた、植民地になっていたであろうから。国の伝統を重んずるあまり、外来の影響を怖れるのは動脈硬化である。……

(上、五八～六〇ページ)

自国の伝統を重んじながらも、悪平等の思想を排し、外来文化の長所は積極的に吸収する姿勢、あるいは人間のアイデンティティは祖先や国の文化にたいする敬愛や誇りから生まれると考えながらも、小児的な国粋主義を排除する姿勢——ここには、のちの保守思想家・渡部昇一がたしかに、いる。

右の「すべての人が同権であることと、すべての人が同じ能力を持つということは違う」という一文をよく味わっていただきたい。青年・渡部はすでに、良いとか悪いとかではなく、なによりも事実を重んじている。イデオロギーなどではくつがえすことのできない事実——それによって「インドの民謡もアフリカの民謡もベートーベンやバッハの音楽の代用になることはない」という〝不平等〟を是認《ぜにん》する。しかし、民族の音楽の有してきた伝統は尊重する。このような、イデオロギーに捉われることのない自由な精神こそが「保守主義の精神」なのであり、それはこのときすでに兆しているのだ。

最後に付け加えておけば、渡部はこのドイツ留学中に母・八重野を亡くした。最愛の母だったとはいえ、留学を切り上げて帰国するという選択はもちろんありえなかった。

イギリスで学んだこと

ミュンスター大学から哲学博士号（Dr.Phil.）を授与されると、ただちに帰国の途についたわけではない。オックスフォード大学のジーザス・カレッジの学寮長（マーチン・ダーシイ）の厚意で一年間のイギリス留学が認められていたからである。

なぜジーザス・カレッジの学寮長の厚意をうることができたのかといえば、これにも「運」としか呼びようのない偶然が関係していた。——大学院時代、師ロゲンドルフにオックスフォード大学からやってきた教授マーチン・ダーシイの予防接種の付き添い役を頼まれたのがきっかけだった。大学の車で半日、行動をともにしたとき、勇を鼓《こ》してサミュエル・スマイルズの話題をもち出したところ、ダーシイはそれが大いに気に入ったというのである。「いまどき東洋の若者がスマイルズを読んでいるとは。たいそう奇特な話ではないか」と感心して、それが英国留学の厚意をうる契機となったのだった。

五八年（昭和三十三年）五月、ドイツからイギリスに渡ると、オックスフォード大学の寄託《きたく》研究生となった。学費免除で、宿泊と一日三食は保証されていたが、奨学金は付いていなかった。

このイギリス留学では、いくつかの感想が残されている。

ひとつは「ボキャブラリー・ビルディング」にかんするものだ。——オックスフォード大学の学者や学生たちは朝食を終えると、ロビーで「ロンドン・タイムズ」や雑誌の「タイム」にサササッと目を通していた。ところが、自分にはそのマネができない。机に坐ってじっくり読めば、きわめて正確に読むことはできる。しかし、われわれが毎朝サササッと新聞の見出しやリードに目を通すように、ごく手軽に読むことはできなかった。なぜかといえば、語彙の量が足りなかったことがひとつ、もうひとつは専門書に出てくる単語とジャーナリズムで使われる言葉がかなり異なるからだ。

そこで、帰国後かれは、講師になりたての授業を終えると、新宿の紀伊国屋書店へ向かい、「タイム」や「ニューズウィーク」を買うことにした。ヘッドラインで興味ある記事に狙いをつけると、喫茶店に入ってその記事だけを読んだ。知らない単語が出てきたら、それを単語帳に書きつけて確実に覚える。そうしてボディ・ビルディングならぬボキャブラリー・ビルディングを何か月も何か月もつづけたというのである。

こうした執拗なまでの徹底性がかれの特徴であった。あの朝四時四十五分起きの勉強漬け、体調を崩してしまうほど容赦《ようしゃ》のない英文復元法……いずれもトコトンやる。それが渡部昇一の流儀であった。後年、真向法《まっこうほう》に挑戦して胸が床にペタッとつくまで修練を重ねたのもその一例といえるだろう。

さて、イギリスで痛感したもうひとつの問題は労働移民のむずかしさであった。

当時のイギリスには肌の色の黒い女性が非常に目立ったので、寮の仲間に尋ねると、「ジャマイカからきている看護婦である」と教えられた。「ゆりかごから墓場まで」をモットーにしていた当時のイギリスでは、ペニシリンの普及も手伝って、高齢者の数が急増していたのである。そのため、国内だけの人手ではとても介護や看護が間に合わない。そこで急遽、英連邦に属するジャマイカから労働移民として看護婦を受け入れるようになったというのだ。そうした事情を知り、《私はまた友人に訊きました。ジャマイカから来ている若い子たちが老人になったらどうするのですか、と。その友だちも「う～ん」と唸っていました》（徳間書店刊『「反日」を拒絶できる日本』一七九ページ）。

併せて、この留学で初めて知ったのが「パキ・バッシング」という言葉だった。週末、オックスフォードからロンドンに遊びに行こうとすると、学寮の神父から「スキンヘッドがパキ・バッシングをやっているから気をつけなさい」と注意されたというのである。頭をツルツルに剃《そ》り上げ、靴の先に鉄の爪を埋め込んだ「スキンヘッド」という言葉は知っていた。だが、「パキ・バッシング」という言葉は初耳だった。現在では『オックスフォード英語辞典』（OED）にも入っているようだが、これは、パキスタンからの移民たちに暴行を加える、というほどの意味であった。

イギリスは戦後、植民地を失い、社会も疲弊《ひへい》していた。そこへドッと入ってきたのがやはり英連邦に属するパキスタンからの労働移民だった。かれらはイギリスの最下層の仕事に就いたが、そのあおりを喰らって仕事から締め出されたのが学歴のないスキンヘッドたちだった。ムシャクシャしたかれらは街のなかで「パキ・バッシング」をはたらき、鬱憤《うっぷん》を晴らしていたのである。

パキスタンからの移民たちはその後、しだいにイギリス社会に溶け込んでいったが、いまになって問題になっているのが二世、三世たちだという。安い賃金で使えるからと考えて入れた外国人移民の子供たちがイギリス文化になじまず、浮き上がって不良化しているというのだ。じっさい、テロ組織ＩＳ（イスラム国）に参加するヨーロッパの若者はそうした二世、三世に多いという指摘もなされている。

イギリスのそんな現実を見知っていたから、移民・難民の問題は人道的な観点だけからは論じることができない、というのが渡部の持論となった。

安倍内閣が一四年（平成二十六年）に「毎年二十万人の移民受け入れ」を検討しはじめたとき、渡部が即座に「反対」の声を上げたのも同様の理由からだった。わが国も深刻な人口減少（渡部のいう「ゼロ孫化」）を受け、現在、フィリピンやインドネシア、ベトナムなどから看護師や介護士を受け入れているが、これから二十年後、三十年後、彼女たちが高齢化したとき日本政府はいったいどう対処するつもりなのか？

第三章　渡部家の人びと

大学図書館の〝住み込み宿直員〟

一九五九年（昭和三十四年）に帰国すると、渡部は上智大学外国語学部英語学科の講師に就任した。このとき、おもしろいのは大学図書館の〝住み込み宿直員〟を志願していることだ。『知的生活の方法』を読んでみよう。

図書館のまだ空いているところに私の本を置いてもらい、同じ建物の中の夜警宿直者用の小部屋に住まわせてもらうことになったのである。普通の日は図書館は七時ごろまでには閉まる。私は窓が全部閉まっているかどうか、三階建ての建物を見廻る。そして鍵をおろす。するとこの建物は私の城となった。正確に言えば、この建物にはもう一つ宿直室があり、若い哲学の研究者が住んでいたから、私たち二人の城となったと言うべきであろう。彼も読書家で議論好きで、しかも音楽に詳しかった。われわれは安物のステレオを廊下に出して、ベートーベンをかけたりした。三階までふき抜けになっている図書館の階段下のホールで、それは壮大な音楽となった。また、考えごとをするときは、真夜中の図書館を一人こつこつと歩くのである。なんという贅沢であったろう。こうして私はプラトン全集を読み、アリストテレスの相当の部分を読んだ。

（九七～九八ページ。傍点松崎）

もうひとりの住人、ここで「若い哲学の研究者」といわれているのは、のちの上智大学教授・川中康弘である。新聞学および社会学の研究者だった。

上智大学の図書館をめぐってはちょっとした話があるので、それにもふれておこう。それは、のちの作家・井上ひさし（四歳年下の井上は二十二歳のときの一九五六年に上智大学に復学、六〇年に卒業している）との確執だ。井上は『本の運命』（文藝春秋）で、こう語っている。

もちろん大学には図書館がありました。（中略）ここも通いつめた。ところが、この上智大学図書館がひどかった。

夜八時まで開いているんですけど、借りた本はそれまでに必ず返さなければいけない。返さないとバツ印がついて、次から借りられなくなる。ところが、こっちもアルバイトの都合

昭和34年（1959年）、上智大学外国語学部英語学科講師に就任したころ

やなんかで、そう時間通りにはいかない。遅れまいと必死で走っていくんですが、館員に厳格な人がいて、一秒でも過ぎると返却を受け付けてくれないんです。「これ受け取ってくれないと次の本借りられないんだ」って言うと、「いや、だめだ、規則だから」の一点張りで、融通が利かないんですね。八時ちょうどに鎧戸を下ろしはじめるので、下に足を突っ込んで何とか隙間から本を返そうとするんですが、逆に足を蹴飛ばされたり――（笑）。

この館員に怒ってる学生がたくさんいたんです。そこで、みんなで「よし、あいつに一度、泡を吹かしてやろう」と相談一決、大学図書館が一番大事にしている本を盗んでしまおうということになった。

図書館を入ったところにガラスケースがあ

って、そのなかに大事な本が飾ってある。「あいつが番してるあいだにこの中から盗んじゃおう」（笑）……。

（一一六〜一一七ページ。傍点松崎）

井上ひさしは仲間とつるんで、その貴重な書籍を盗み出し、それを神田の古本屋で売り払い、その金で当時、流行していた「なんでも十円寿司」をたらふく食べたというのである。

後で彼はすごく叱られたという噂を聞いて、溜飲を下げましたが、後日談を言いますと、彼はのちに有名な評論家になられました（笑）。

（一一七ページ）

「のちに有名な評論家になった館員」といわれるのが渡部昇一である。閉館時間が「七時」と「八時」で、一時間のズレがあるが、この差は、井上が言及しているのが渡部の大学院時代のアルバイト館員であるのにたいし、渡部の回想にあるのは講師時代の〝住み込み宿直員〟だからであろうか。

渡部が閉館時間に厳格だったのは、早く自分の勉強にとりかかりたかったためだと思われるが、たとえそうだとしても、井上が意趣返しに大学図書館の貴重な書籍を盗み出して売り払っ

上智大学図書館の「住み込み宿直員」のころ

たというのは悪質だ。

周知のように、井上ひさしは大江健三郎などとともに進歩的文化人の一翼を担った戯作者である。保守的論評を発表しつづけた渡部昇一にたいしてはふくむところがあって、「八時ちょうどに鎧戸を下ろしはじめるので、下に足を突っ込んで何とか隙間から本を返そうとするんですが、逆に足を蹴飛ばされたり――（笑）」などと、話をふくらませて笑いをとろうとしたのであろう。

朝日新聞や岩波書店、NHKなどのリベラル左派がマスコミやジャーナリズムを牛耳っていた時代、保守派の渡部はしばしば批判にさらされた。その批判が的外れのときは黙殺し、見捨てておけないときは敢然と反駁《はんばく》したことはよく知られている。

結婚

帰国翌年の六〇年十月、三十歳の渡部は、教科書会社「教育出版」の専務（のちに社長）小《こ》坂《さか》佐《さ》久《く》馬《ま》の長女・迪《みち》子《こ》と結婚した。六歳年下の迪子は桐朋学園大学音楽科の第一期生で、のちに世界的な指揮者となる小澤征爾《せいじ》のクラス・メイトだった。桐朋学園大学を卒業したあとは桐朋短大でピアノを教えたり、NHKラジオからその演奏が流れたりするプロのピアニストともなった。

ふたりの出会いを語る前に、渡部の岳父《がくふ》となる小坂佐久馬に簡単にふれておきたい。——小坂は北海道旭川市生まれ（一九〇六年）の教育者であった。昭和三年（一九二八年）に旭川師範学校を卒業すると、小学校教諭となり、昭和十年に同志と語らって「北海道綴方教育連盟」を結成した。当時、流行していた生活綴方運動をはじめたわけであるが、その運動が当局ににらまれ、治安維持法違反で検挙されると、なんと二年以上も拘束されている。そして懲役二年、執行猶予三年の有罪判決を受けたため、教職を追われて満洲へ渡った。現地の水産会社へ勤めたり、露天商をしたりしていたが、敗戦を迎え、翌二十一年に本土へ引き揚げてきた。戦後は教科書出版にたずさわり、六七年（昭和四十二年）、教育出版の社長に就任。七六年（昭和五十一年）には勲四等旭日小綬章を受章……というのが、そのキャリアである。

生活綴方運動では道内の教員数十人が検挙されたが、特高警察の取り調べに屈服した人たちは戦後、浮かび上がることはなく、あくまでも無罪を主張して踏ん張った人たちはのちにそれなりの業績を上げているという。

小坂佐久馬はもちろん後者であった。

○

さて、ふたりの出会い（見合い）について渡部は『知的生活の方法・音楽篇』でこう振り返っている。

そうこうしているうちに、（中略）決定的な西洋音楽との出会いを持つことになる。家内との縁談である。大学の先輩教授の紹介で見合いした相手が、桐朋学園音楽科の第一期生だったのである。当時、彼女は結婚相手の条件として、「音楽がわかったようなことをいう半ちくな素人だけは嫌だ」という考えを持っていた。その点、まだメンデルスゾーンの『ヴァイオリン・コンチェルト』にしか感動したことのない私は、その条件をクリアしたのだ。

（七六ページ）

これには少々の解説が必要だろう。

ラジオからクラシック音楽が流れはじめると、祖母が「また西洋のガチャガチャか」といってすぐにスイッチを切ったという鶴岡市の渡部家では、ふたりの姉を除いて、歌をうたうことはほとんどなかったという。親戚の人たちが集まってもだれひとり軍歌も国歌もうたえない。新しいもの好きの父親・倉治はレコード盤を買い揃えていたが、その《コレクションは浪曲、落語、流行歌、軍歌といった通俗音楽に限られていた。ここに、わが音楽人生の原点がある》(同書二三ページ)というくらいだから、渡部は音楽とはほとんど縁のない半生を送ってきた。小学校へ上がると、先生から「おまえは黙って口だけ開けていろ!」と命じられるほどの音痴で、迪子との見合いにいたるまで音楽といったらドイツ留学中のフォークス・リート(民謡)と住み込んだ大学図書館で聞いたベートーベン程度しかかかわりはなかったように思われる。

いや、ちがう。

先の引用文のなかに「メンデルスゾーンの『ヴァイオリン・コンチェルト』にしか感動したことのない私」とあるように、見合いをするほんの少し前、メンデルスゾーンを聞いて震えるほど感動したことがあったのだ。

迪子と見合いをすることになる年の春先、港区赤坂にあるOAG《オーアーゲー》(ドイツ東洋文化研究協会)がドイツ帰りの留学生をコンサートに招待したときのことである。チェロの堤剛《つつみつよし》やヴァイオリンの潮田益子など、一流のアーティストが登場し、プログラムの最後の曲、メンデルスゾーンの「ヴァイオリン・コンチェルト」がはじまった。すると、《何か私の脳細胞がいつもと異な

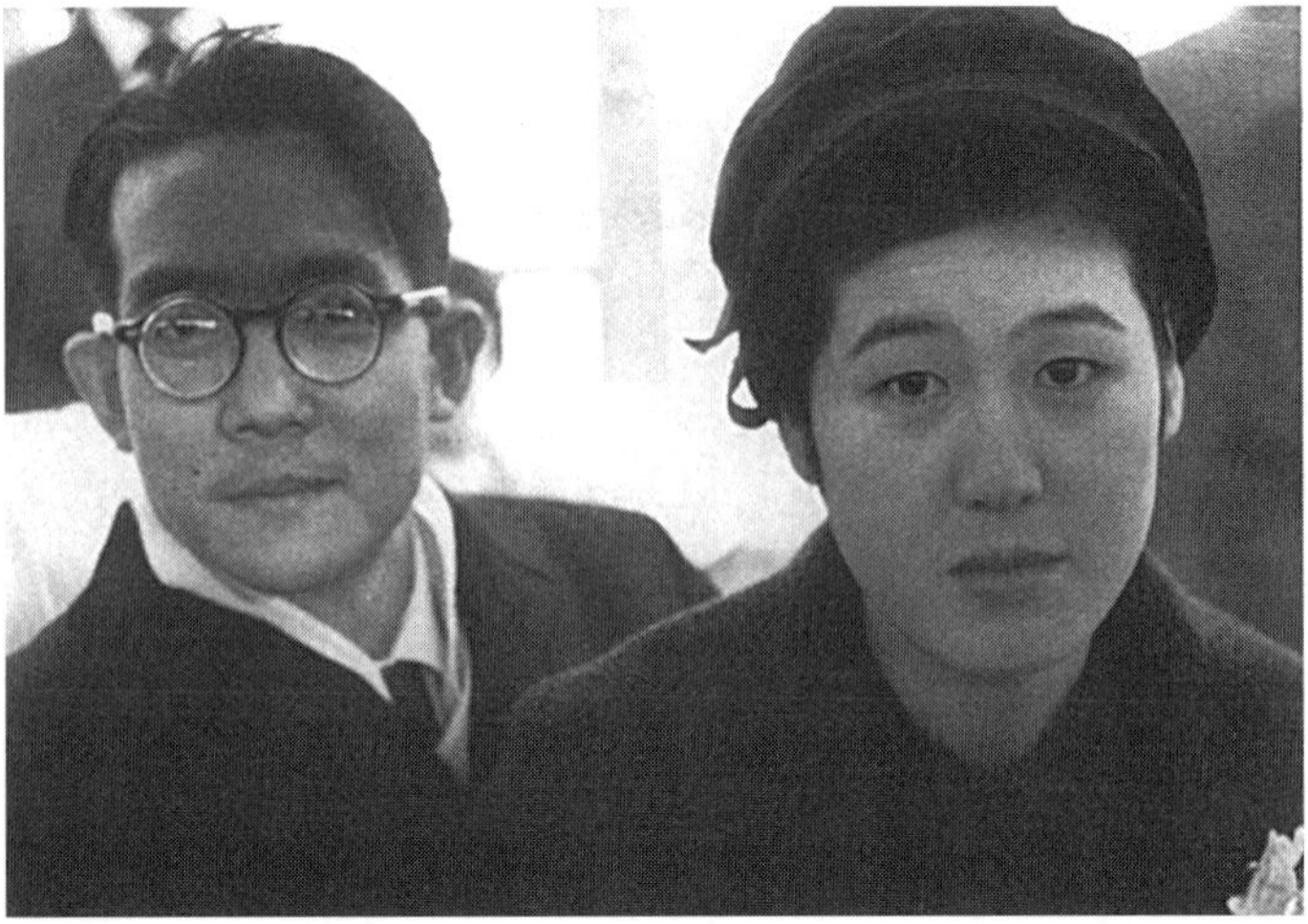

昭和35年（1960年）小坂迪子と結婚。夫人は桐朋学園大学音楽科1期生のプロ・ピアニストだった

る動きをし始めたのだ。そして、体が震えてくるような興奮にも似た波が襲ってくるのであった。魂を揺さぶられるような体験であった》（同書七四ページ）と回想している。このとき、「西洋のガチャガチャ」は「クラシック」という純粋音楽に昇華したのであった。

とはいえ、まだ「メン・コン」（メンデルスゾーンの「ヴァイオリン・コンチェルト」の略称）にしか感動したことがないのである。見合い相手に向かって、音楽について「半ちく」をいうことはありえなかった。

かくして、ふたりの交際がはじまったわけであるが、これを迪子のほうからみたらどうなるか？　雑誌「WiLL」と「歴史通」の合同増刊号「追悼『知の巨人』渡部昇一」（WAC）に寄せた「30回目のお見合い結婚」はこんなふうにはじまっている。

とにかく本をよく読む人でした。(中略)

結婚前のデートの時には「次に会うまでにこの本読んでおきなさい」と言って、何か日本の古い本を渡すんです。そんなの読みたくない。でも、次に会ったとき試験をされるから、しかたなく読みました(笑)。

主人のことは母がとても気に入ったんです。教師をしていた母の教え子の方の紹介でしたし、きちんと洗礼を受けたカトリックの男性というのは当時だって珍しかったから。ええ、うちもカトリックなんです。それに、カトリックは離婚ができないでしょう。一度嫁に出せば一生安心じゃありませんか(笑)。

私はちょっと反抗して、なかなか会わなかったけれど、いざ会ってみたら、「おれは見合いをするのは三十回目だ。断った女は見る目がない」って言うから、まあ、なんて自信のある人だろうと呆れました。

(一一二～一一三ページ)


デートのときは、当時、都内各所にあった名曲喫茶によく出かけたらしい。もっとも、六歳年上の大学講師は「この次からはハイヒールを履いてくるように」と命じたり、外食券食堂に連れて行ったり、「これからは家計簿をつけるように」とアドバイスしたり、かなり変人めいたところがあったようだ。《それでも、デートの日にちを決めたら絶対に変更しない、遅刻しない。それから、機嫌がいい日と悪い日がないんです。それはいいことだなと思いました》（同誌一二三ページ）と、若き日々を振り返っている。

ふたりは、まあ、気が合ったのだろう、先に述べたように六〇年十月、上智大学構内にある「クルトゥルハイム聖堂」で式を挙げた。

○

翌六一年二月、練馬区関町南に新居をかまえると、その年の夏、新婚のふたりは渡部の父・倉治を呼び寄せている。夫人・迪子はこう証言する。

「お義父《とう》さんはお酒が大好きで、やっぱり明るい性格。主人や主人の姉たちがやりたいということについてはすべて『いいよ、いいよ』という人でした。そして孫は、男の子をとっても大事にしていましたね。家を継ぐ子ですから、玄一はすごく大事にされました。義父が甘いものばかりあげていましたから、玄一はもう虫歯だらけ。幼稚園のとき、東京医科歯科大学の病院へ行って総入れ歯にしたほどです。そうしないと『歯がちゃんと生えてこない』といわれて、総入れ歯にしたんですけれど、当の玄一は幼稚園バスに乗ると、入れ歯を外してみんなをビックリさせてよろこんでいました。

そうそう、主人と義父が話しているると、わたくしにはなにをいっているのか、まったくわかりませんでした。鶴岡の方言でしゃべるものですから、さっぱりわからない。それに義父は耳が遠かったものですから、大声で話すので喧嘩してるんじゃないかって思うほどでした。主人の仕事の役に立つんじゃないかと、せっせと新聞の切り抜きをしていた時期もありました」

放任主義とスパルタ教育

迪子は前述したようにプロのピアニストであったが、結婚を機に主婦業に比重を移し、自宅でピアノ教室を開く程度まで音楽活動を減らした（七十歳をすぎてから、ピアノに再チャレンジしている）。

その後、ふたりは三人の子供に恵まれた。

六二年二月（昭和三十六年）長女・真子《まこ》が誕生。のちにピアニストとなり、現在はWTO（世界貿易機関）に勤務する夫に伴い、スイスで暮らしている。ジュネーヴの日本語補習学校の教員や教会のオルガニストを務めている。

六三年十一月（昭和三十八年）長男・玄一が誕生。現在はチェロ奏者で、二〇〇八年（平成二十年）には、クラシック音楽を総合プロデュースする「東京アンサンブルギルド」を設立。

六六年（昭和四十一年）次男・基一が誕生。現在はヴァイオリン奏者として活発な活動をつづけている。

わたしは〇九年（平成二十一年）七月十二日、玄一が司会をしながら曲目の紹介をした基一の「ヴァイオリン・リサイタル」（港区虎ノ門のJTアートホール「アフィニス」）を聴いたが、その音色は深く、軽く上体を揺すりながら弦を奏くスタイルはヴァイオリンのささやきに魂を吹き込まんという思いに充ちていた。

そんな渡部家の子供教育はいかなるものであったか？『知的生活の方法・音楽篇』ではこう記している。


わが家は子供の教育に関して、ずぼらだったのかもしれない。親のほうが、自分の専門の分野、文献学やピアノ教師のほうに情熱を注ぐあまり、子供たちのほうにはあまり目が向かなかった。結果的には、子供たち三人とも音楽家になってしまったが、われわれ夫婦は、子供を音楽家にしようなどという考えを持ったことは、一度もなかった。また、私のほうも、嫌がる子供のお尻を叩いて、名門校を目指し、机に向かわせるような発想は毛頭なかった。戦時中の学校教育を受けた身にしてみれば、戦後のお受験や受験戦争というものがピンとこなかったのである。子供に何かしら才能があれば、どうにか生きていけるだろう。自然に進路を見つけて歩いていくだろうと、気楽に考えていた。

ただ、周りが教育ママ化していく中で、何もしないというのも後ろめたくて、一番手軽なところで、楽器を与えてみたのである。その結果、三人の子供たちは、家内の母校の桐朋学園音楽学科に進み、さらに全員アメリカやイギリスの大学院に留学した。（五〇～五一ページ）

長男・玄一も《私の家では、（中略）基本的には姉弟のだれに対しても、学校での成績や素行なるものには無頓着であった》（海竜社刊、渡部玄一『ワタナベ家のちょっと過剰な人びと』五二ページ）と書いている。

ただし、渡部の座右の書のひとつが幸田露伴の『努力論』だったせいか、玄一は小学生になるかならないかのころ、『論語』の名言を抜粋したものを毎日読まされている。もっとも、五、六歳のとき、「シ、ノタマワク、マナンデトキニコレヲナラウ……」とか、「コウゲンレイショク、スクナシジン」とやらされても、チンプンカンプンだったにちがいないが。

小学校三、四年生のころから、夏休みに家族で鶴岡市に行くようになると、そのときは百人一首を毎日暗誦《あんしょう》させられている。最初は一日に五首ずつ、日が進むと、それが十首になり、二十首になったとか。

脇道に逸れるが、やまと言葉には言霊《ことだま》が宿っているというのが渡部の信念だった。言霊とは、人の言葉には霊の力が宿っていて、その言葉を発することでなんらかの事柄が実現するというものである。言語にたいする神秘的な信仰をさす、といっていいだろう。

神代《かみよ》より　言ひ伝て来《く》らく　そらみつ　倭《やまと》の国は　皇神《すめがみ》の　厳《いつく》しき国　言霊の　幸《さき》はふ国と
語り継ぎ　言ひ継《つ》がひけり……
（『万葉集』巻第五、国歌大観番号八九四）

この山上憶良《やまのうえのおくら》の長歌にあるように、日本という国は――、
(1)皇統が連綿とつづいている国である。
(2)和歌に代表される、やまと言葉の霊力がひときわ活発に発動される国である。
これが「日本の二大特質」であると渡部は捉えていた。だから、取材中もしばしば『万葉集』の歌を朗々と詠み上げたものである。たとえば、雄略天皇の長歌（『万葉集』巻第一、国歌大観番号一）。

籠《こ》もよ　み籠《こ》持《も》ち　掘串《ふくし》もよ　み掘串《ぶくしも》持ち　この丘に　菜摘ます児《こ》　家聞《いえき》かな　名告《なの》らさね
そらみつ　大和の国は　おしなべて　われこそ居《を》れ　……

音数が3・4・5・6と、一音ずつせり上がっていくところなど、じつに生きいきと再現し

てみせてくれたものである。

もうひとつ、玄一が『ワタナベ家のちょっと過剰な人びと』で回想しているのは縄跳《なわ》びだ。最初は五百回前後であったが、それが六百、七百……と増えていき、三年後ぐらいにはなんと千五百回を数えるまでになったという（五六〜五七ページ参照）。渡部本人は上記のように「子供の教育にかんして、ずぼらだったのかもしれない」と反省しているが、これをみると、「ずぼら」どころか、スパルタ教育にも似た一面があったのではあるまいか。

○

のちに三人の子供たちがみな音楽の道に進むことを宣言したとき、母・迪子は頑強に反対したという。長女の真子はともかく、玄一と基一という《男の子は何といっても将来、女房子供を養っていかなければならない。（中略）音楽は自分の一番大切な趣味として持っていたほうがいいのではないか》（『知的生活の方法・音楽篇』五一〜五二ページ）、というのが母親としての迪子の意見であった
それにたいして父・昇一は「マタイ伝福音書」第六章の《明日のことを思ひ煩《わずら》ふな。明日は明日みづから思ひ煩はん。一日の苦労は一日にて足れり》という言葉を引き、三人の子供たちの背中を押したという。
生来のオプティミスト渡部昇一の面目躍如《めんもくやくじょ》というエピソードである。

苦労重ねた処女出版

一年おきに子供たちが生まれていたころの六四年（昭和三十九年）には、三十三歳で上智大学文学部英文学科助教授に就任した。その講義がいかなるものであったかについては、「渡部昇一先生古稀記念論文集」と銘打った『フィロロギア』（大修館書店）で、当時の学生・永盛一《ながもりかず》（のちに上智大学特別契約教授）が次のように振り返っている。

英語史の講義はテキストを用いられず先生の研究されたものをノートから詳述された。私達は一所懸命にノートを取った。試験は１００問中から25問出すといって問題が提示された。大学院では古英語を学んだ。最初の一時間で文法（アングロサクソン・プライマリー）を仕上げて次の時間からは古英語の作品を読んだ。一語一語、グロサリー【語彙解釈—松崎注】や文法を頼りに英文【現代英語—松崎注】に訳していった。英語よりもドイツ語の知識が役に立った。

これらの二つの授業から私は非常に大切なことを学ばせていただいた。

一つは英語という言語を古英語から現代英語まで広く深く学ぶ姿勢である。お陰で後に数年中、英語を教える機会ができた。

もう一つは古英語を学んだことからどんな英文でも調べれば意味がとれるだろうという自

信みたいなものがついたことである。古英語を3年ぐらいみっちりやった後ではそれ以後の英語がやさしくさえ思えたものであった。つまりこれは私にとっては一種の訓詁学の勉強になったのである。（二七ページ。読みやすさを考え、一部に改行をほどこした。傍点松崎）

これだけの文章からでも、かなり密度の濃い講義であったことがうかがえる。旧制中学時代、ベーコンの「学問について」を読んだとき、一時間に一行しか進まなかったこともあったという佐藤順太に学んだ教授法だったのかもしれない。

この時期のことではないが、後年、教授に昇進し、ゼミをもつようになってから、大学の近くのワンルーム・マンションを借り、学生たちのたまり場として提供していた時期がある。「タバコと麻薬は厳禁」だが、「酒はOK」だったという。渡部自身、顔を出すことはめったになかったようだが、学生たちは有効に利用していたと語っていた。弟子思いの教育者としての一面を物語る、ちょっといいエピソードなのにあまり知られていないようなので、ひと言、記しておく。

○

翌六五年（昭和四十年）には、ミュンスター大学の博士論文を下敷きにした『英文法史』を研究社から刊行している。日本語では文字どおりの処女出版であった。

しかし、出版にまで漕ぎつけるには紆余《うよ》があり曲折《きよくせつ》があった。ドイツでシュナイダーとハルトマンというふたりの教授を驚かせた論文ではあったものの、「渡部昇一」といっても当時の日本では無名の一助教授にすぎない。東京大学であればいざ知らず、そのころの上智大学は既述のとおり「零細大学」であった。出版社にツテのある先輩教授も少なかったため、どこの社からも断わられたという。

最後に、一度断られたところではあるが、この分野では一流と目されるK社【いうまでもなく研究社—松崎注】にもう一度交渉した。そして出版費用はこっちがもってもよい、といった。(中略)それは私が大学からもらう給料の一年半にもあたる額であった。こういうことについて家内はけっしして文句をいわないどころか、むしろけしかける傾向があるので、貯金をはたいて出すことにした。

K社はやはり専門出版社だけあって、内容を認め、半額は出版社が負担するということにしてくれた。(中略)

妙なことだが、この本は売れた。(中略)たちまち増刷になり、その後も二年に一度ぐらいは増刷があり、今では【一九八〇年当時—松崎注】五版から六版になっている。(中略)類書がわが国になかったこと、またその分野では基本文献であること、また世界的な学問の流れとして、私の扱った分野がしだいに日の目を見てきていることなどが幸いしたものと思われる。

（『続・知的生活の方法』二一五ページ）

何百冊という本を出し、多くのベストセラーを生み出した著者でも処女出版に漕ぎつけるまでにはこれだけの苦労をしている。いまも若き研究者たちが処女作を出版してもらうべく、あちこちの出版社の扉を叩いているにちがいない。

文中、夫人が自費出版をけしかけたという記述があるが、彼女にはそういう気質があるようで、酒中の雑談で以下のような話を聞いたことがある。――*Dictionary of National Biography*（『大英人名辞典』、略称DNB）がどうしてもほしかったのだが、ついつい逡巡《しゅんじゅん》していると、夫人に「おかしな人ね」といわれたというのである。「男の人がたいせつだと思っているものをどうして買わないの？」と。

一九〇八年から翌年にかけて刊行されたDNBは、十九世紀までに亡くなった人だけで二十二巻。しかも、きわめて分厚い二段組で、活字もびっしり詰まっている。その後も増補や改訂をつづけてきたというから、アングロ・サクソンの徹底性を物語る大辞典といっていいだろう。

それにしても、「それが必要だというのにどうして買わないの？」とは、じつに気風《きっぷ》のいい夫人ではないか。

「輝かしい一年」となったエディンバラ滞在

時代は飛ぶが、ここで渡部家打ち揃ってのエディンバラ滞在にふれておきたい。

上智大学にサバティカル・イヤー（一年間の有給休暇）制度が導入されたのは七七年（昭和五十二年）であった。渡部はその制度の最初の適用を受け、夏から一年間、家族でスコットランドの首都エディンバラに滞在した。

労働党内閣が長くつづいていた当時のイギリスは長期低落傾向にあり、国力がどこまで落ちるか、底がみえない状態であった。サッチャー政権が登場する前の経済的な暗黒時代である。貴族や名家《めいか》もどんどん没落していき、そのため、かれらの邸宅に収蔵されていた蔵書が大量に売り出され、古書店にあふれていたという。

『渡部昇一 青春の読書』はそうしたようすをこう記している。

　スコットランドでは有名な図書館シグネット・ライブラリー（Signet Library）の蔵書のうち、スコットランド史とスコットランド法に関する蔵書以外、すべての蔵書、つまり全蔵書の八割ぐらいが競売されることになったのである。

　大英帝国の良き時代の有名図書館の壮麗な大閲覧室のテーブルの上に、だいたいのテーマ別に本の小山が無数に作られた。一つひとつの山をロットと呼んでいた。（中略）

ロットのなかには、私の欲しい本も混じっていた。名前だけは知っていて、実物を初めて見る本も多くあった。特に私はその時、イギリスの国学史を構想していたので、新刊では存在しない本で私が欲しいと思っていた本もあった。それはいくつかのロットに散在している。それで、日本に帰ったら見ることが絶対できない本の群れの誘惑に負けて、いくつかのロットを入手した。小さいトラックに山積みになるくらいの量であった。（五八九～五九〇ページ）

じつをいえば、渡部家の蔵書が十五万冊といわれるまでにふくれ上がる契機となったのがこの洋書のロット買いであった。蔵書二十万冊を誇った谷沢永一との対談「読書連弾」では、イギリスのセリにも参加したことを語り、革張り・三方金の大型稀覯本《きこうぼん》を格安で手に入れたことや、かつてのイギリス留学時には一年分の給料で一冊買えるか、二冊買えるかという値段だった古書がそれこそ二束三文に近い値段で買えたから、「いまにして買わずんば」という思いだったと明かしている（『読書談義』四九～五四ページ参照）。

それだけ買い込むと、当然、〝軍資金〟が要るが、そこはよくしたもので、前年に刊行した『知的生活の方法』が売れに売れていた時期だったから、なんの心配もなかったという。周知のように、この新書は累計一二〇万部に迫る大ベストセラーとなり、「渡部昇一」という名を一躍有名にした本だから、印税は毎月のように入ってきた。そこで「本で稼いだお金は本に注ぎ込むのだ」といわんばかりに、印税をほぼ全額、このロット買いに充てていったのである。

余談を付け加えれば、蔵書二十万冊を収めた谷沢永一の書庫を見てきたあと、渡部はこう語っていた。――「さすが谷沢先生ですナ。すごい量でした。もうひとつ、おもしろかったのは洋書がほとんど見当たらなかったことです。目に止まったのは *My Secret Life, The Sex Diary of a Victorian Gentleman* だけでした」と。詩人の田村隆一が訳したことで知られる自伝的ポルノ文学『我が秘密の生涯』（學藝書林、全十一巻。富士見ロマン文庫に全三巻のダイジェスト版がある）の原書である。

前記『読書談義』では、甲乙つけがたい愛書家であった谷沢とのこんなエピソードも披露している。

○

書物愛は不思議なものである。政治的あるいは宗教的信条を異にして、本来ならばお互いに無関心であるべき、あるいは反感を持つべき人に対しても、その人が本好きで蔵書自慢などしていると聞くと、自分と同類のように思われて、親しみを感じてしまうのである。いつか新宿のバーで谷沢さんと政治の話をしていた時のことである。二人とも当時の社会党は毛沢東や金日成の手先となって日本の国益を損なうことをやっていると憤慨した。その社会党左派の理論的支柱であった故・向坂逸郎《さきさかいつろう》に談が及んだ時、その蒐集癖、つまりビブリオフィリの話になって、結局、「彼は憎めないなア」ということになってしまったことがあった。

（五ページ）

じっさい、向坂の蒐集も並みではなかったと伝えられている。蔵書は五万冊といわれていたが、そのなかにはマルクスの *Das Kapital*（『資本論』）の初版本、社会主義者・堺利彦が刑務所のなかで読んだ本、めったに手に入らない第一インターの「規約」本……と、珍しいものがたくさん収められていた。その質は、かつてのソ連（現ロシア）、東ドイツが国家を挙げて集めたものに次ぐとささやかれていたから、社会主義関係ではかなりの稀覯本が揃っていたはずだ。向坂は共産党と果てしない論争をくりかえしてきたことで知られるが、その思想的背景には以上のような蔵書が控えていたのである。

谷沢のばあいも同様である。本人いうところの〝雑書〟がまさに汗牛充棟《かんぎゅうじゅうとう》する書庫からは、いまやほとんど見ることができない明治・大正期の貴重な文献を抜粋・紹介した『遊星群』（和泉書院）全三巻が生み出されている。総計三〇〇〇ページを超すこの書物はまさに「逸話の宝庫」。拾い読みしていたら時間を忘れてしまうほどである。

○

エディンバラ滞在に話を戻す。

渡部家はなんとこのとき、家主との訴訟合戦に巻き込まれてしまった。その顛末は『知的生活の方法・音楽篇』に記されているので（八四〜九一ページ）、かいつまんで紹介しておこう。

滞在中、子供たちは三人とも現地の音楽学校（エディンバラ・カテドラル附属の「セント・メアリーズ・ミュージックスクール」）に通った。前述したとおり、長女・真子はピアノ、玄一はチェロ、基一はヴァイオリンである。みんなが練習できるようにと、楽器を弾ける借家を探さなければならなかった。「夜十一時まで練習可」という条件で契約したのは石造りのマンションのワン・フラットで、下がホテル、上の階に家主夫婦が住む家であった。このときは、楽器の音がうるさいだろうからと、月額三百ポンドという破格の家賃を払っている（警官の月給は当時、百二十ポンド前後だったという）。

【第一幕】

子供たちが熱心に練習していると、「夜十一時まで練習可」という契約を交していたにもかかわらず、家主が「音がうるさい」といって、いきなり「退去」を求める訴訟を起こしてきた。裁判の過程で、妻のほうがヴァイオリンの音に異常反応する一種の病人だったことが判明した。とはいえ、契約時にそんな説明はなかったのだから、その裁判を受けて立った。

しかし、相手が病気の診断書を提出してきたため、いくら契約条件を楯にとっても聞き入れられず、第一ラウンドは負けてしまった。

【第二幕】

それを知った学校が夜遅くまで使える練習場を探してくれたので、九時までは借家で練習し、その後は練習場で楽器を弾いた。そんな日々を送りながらも、法外な家賃を払いながら九時までしか練習できないのはどうしても納得いかないため、今度はこちらから家賃の見直しを求める訴訟を起こした。

家庭裁判所はそれを受け、不動産業のプロに査定を依頼、「家賃は半額とする」という判決が出た。二回目は勝訴であった。

【第三幕】

その後、家族揃ってしばらくヨーロッパ大陸へ向け、自動車で旅行に出かけ……帰ってみたら、なんと第三次訴訟を起こされていたのである。

これまでの裁判では双方ともに「事務弁護士」（ソリシター）に依頼していたが、相手方は本格的な「法廷弁護士」（バリスター）を起用してきた。そのため、これまでの女性「事務弁護士」は怖じ気づき、完敗だった。「家のなかでは一時間たりとも楽器を弾いてはならない」という判決が下ったのだ。しかも、訴訟費用はこちら側の負担。おまけに多額の損害賠償を請求される恐れさえあった。

そこで、先手必勝——今度はこちらも「法廷弁護士」に依頼して、「病気を隠して訴訟を起こしたのは納得できない。この点、あくまで法廷で争う用意がある」という手紙を出してもらった。まったくのブラフ（はったり）だったが、これが功を奏して相手からの損害賠償請求を回避することができた。

第二次訴訟を起こしたり、相手にブラフをかけたりと、《こんなところに大国日本の愛国少年だった男の意地が出る》（八九ページ）と記しているのは愉快ではないか。

ちなみに、ロンドンからエディンバラへ向かうときも、ヨーロッパ大陸を旅行したときも車はすべて夫人が運転したという。渡部も一年間アメリカにいたとき（後述）現地で運転免許証を取得したが、めったに運転することはなかったという。

夫人の証言。

「主人が運転するのは年に一度ぐらいでした。元日は道路も空いていますでしょう。ですから、元日に家族でお墓参りをするときだけ運転していました。立川の先、かなり遠いところにカトリック墓地がありまして、主人の父や母、知り合いもみなそこの墓地に眠っているものですから、毎年、お参りをしたのです。

あの人の運転はおもしろくて、前の家（練馬区関町南）のガレージに車を入れるとき、鉄の引き戸に脇を擦ったんです。ふつうの人なら、バックしていったん車を停めるじゃないですか。

ところが、主人はそのままズズズーッと行ってしまうので、車にザーッと傷がついてしまって……。そんな運転でした。

エディンバラで乗っていたのは日産ローレルでしたが、向こうの人は『ダットサン』と呼んでいましたね。家主の車は高級なジャガーでしたが、冬場はよくエンストしていました。でも、わたくしの日本車は一回でエンジンがかかります。家主からはずいぶん意地悪されましたから、そんなときは気分がスキッとしました」

○

この間、子供たちはどうしていたか。

上記・第三幕で「家のなかではいっさい楽器を弾いてはならない」という判決が出たときは《少なからず動揺し心が痛んだ》（同書九二ページにおける玄一の述懐）が、三人が三人とも音楽学校が探してくれたスペースで夜遅くまで練習に励んだおかげか、めきめき腕を上げた。とりわけ次男・基一の進歩は著しく、かれのためにわざわざグラスゴーの王立音楽院から教授を招いてくれたという。また、学校側が「ワタナベ・トリオ」（三重奏）を結成して演奏の機会をつくってくれ、きめ細かい指導も受けることができたようだ。

玄一はこう回想している。

春になってコンクールに出た。十五歳までの少年の部だったが、信じられないことに一位になった。そして終業式のとき学校が、年間最も目覚ましい上達をした者に贈る賞の新設を宣言した。ぼくはその栄《は》えある初代受賞者になった。ぼくにとっては身に余る輝かしい一年だった。

（同書九四ページ）

裁判に巻き込まれるという思わぬハプニングはあったものの、大量の古書を「ロット買い」した渡部にとっても、大陸旅行を愉しんだ家族にとっても「輝かしい一年」だったことは疑いを入れない。

このとき子供たちはそれぞれ高一・中二・小五であった。外国に一年間滞在するわけだから、子供たちには「帰国したときは落第するのだから、日本の学校の勉強道具はいらない」といいふくめておいたという。そこで——、

子供たちは日本の学校のことは少しも心配せず、伸び伸びと一年過ごして帰ってきた。全員一年落第して、つまりイギリスに行く前と同じく、高一、中二、小五の生徒になった。学校の先生は落第で子供の心が傷つくのを心配して、進級できる道もあると言ってくださったが、私は「落第が希望なのです」と答えた。先生は「そう親御さんがおっしゃられても

お子さんのほうが……」と困惑された。その気持ちには感謝しつつも、三人とも進級させなかった。

（『知的生活を求めて』二四七ページ）

閉館時間がきたら時間ピッタリに扉を閉める、子供に課した百人一首や縄跳びの日課も一度はじめたら一日も休ませない……など、一点一画もゆるがせにしない性格の「いかにも」と思わせるエピソードである。

第四章　メンター点描

ハイエクに学ぶ

時を巻き戻して——渡部家の次男・基一が生まれた六六年あたりから七〇年代にかけてのことである。のちに（七四年）ノーベル経済学賞を受賞することになるフリードリヒ・フォン・ハイエクが「世界経済調査会」の招きなどに応じて頻繁に来日したとき、渡部は通訳に起用され、何度もハイエクの講演に同行している。

ハイエクはいうまでもなくオーストリア生まれの経済学者・哲学者であり、共産主義と計画経済に反対し、世界に自由主義を広めようという組織「モンペルラン・ソサイエティー」（一九四七年創設）の初代会長を務めた哲人である。ちなみに、かれを招いた「世界経済調査会」は「宰相・吉田茂のブレーン」といわれた経済評論家・木内信胤《きうちのぶたね》の率いた組織で、日本のモンペルラン・ソサイエティーと目されていた。

なぜ渡部が通訳に起用されたのかといえば——ドイツ語圏であるオーストリアに生まれ、二十年近く「ロンドン・スクール・オブ・エコノミクス」の教授を務めたハイエクの世話をするには、英語とドイツ語につうじた若手学者がふさわしいということだったようである。

ハイエクの多くの来日講演に同行した渡部はこの哲人からさまざまなことを学び、九九年にはPHP研究所から『ハイエク～マルクス主義を殺した哲人』を刊行している。この本は、PHP研究所が企画して、若手政治家やキャリア官僚、実業家、編集者などが参加した勉強会「ハイエクを読む会」において渡部が『隷属への道』に即しておこなった講義録がもとになっている（この翻訳は『隷属への道』および『隷従への道』として、それぞれ春秋社、東京創元社から刊行されている）。

『ハイエク～マルクス主義を殺した哲人』の「まえがき」は、『隷属への道』のエッセンスについてこう指摘する。

> ハイエクがいいたかったのは（中略）自由市場に政府が干渉すると結局人間の自由が根こそぎ失われるということなのである。（中略）
>
> 一九世紀から二〇世紀にわたって、最も大きな、最も強力なマインド・コントロールを世界にかけたのはマルクスの『資本論』である。そのマインド・コントロールから人類を解き

放つための最も有効な治療薬となったのはハイエクの『隷属への道』である。

（二一ページ。傍点原文）

『ハイエク～マルクス主義を殺した哲人』は、『隷属への道』からハイエクの文章を引用し、それに解説を加えるというスタイルで進められているので、非常に読みやすく、しかも示唆《しさ》に富んだ箇所がとても多い。

一例を挙げれば、ハイエクの《計画化のために権力を集中することは、単に権力を移転することではなく、限りなく高められた権力を作り出す》という原文に付されたコメントは以下のとおりだ。

全体主義者は目的達成のために人類史上未曾有の強大な権力が必要になると、ハイエクはいいます。配給制度がまさにこのことを如実に物語ります。褌《ふんどし》をつくるさらし布一枚でさえ配給券を政府からもらわなければ買えないわけで、それはすごいことなのです。ところが、多くの「自由主義的な社会主義者」たちは、個人が所有する権利を社会に移すことによって権力そのものを消滅させるという理想を持ち、それを実現すべく努力をしているが、それは悲劇的な幻想でしかないとハイエクはそのまやかしを指摘します。（中略）

経済的目的と政治的目的の分離が個人の自由を保障するという考え方は、ハイエクの一番のキーノートです。それは政治的に偉くなくてもお金が儲けられるという制度です。ところが、かつてのソ連や今の中国を見ると、政治的権力がなければ富もありません。つまり、社会主義は政治的権力と富が一致する体制なのです。一方、自由主義社会は公的な地位のない人でも地主であり得るし、会社の社長でもあり得るわけです。（中略）

政治と無関係なところでも豊かに生活できる自由な道を開いておかなければならないという私の思想が、本書【『隷属への道』―松崎注】に始まっていることがおわかりになったと思います。

（一八一〜一八二ページ）

格好のサンプルがある。

二〇一七年（平成二十九年）七月三日付の読売新聞には、制圧されたＩＳの重要拠点モスル（イラク）のルポが載っていた。――約四十人の幹部たちは、かつてサダム・フセインが建てた豪華な別荘で暮らし、真新しい大型テレビが設置されたカフェテリアで美食の限りを尽くしたばかりか、イスラム教徒には禁じられている飲酒の形跡まであったという。ＩＳはモスルの住民にたいして禁酒の徹底を命じ、極貧の生活を強いてきたのに、自分たちだけは月五万ドル（約五百五十万円）の現金を手にしていたという。全体主義的な統治がおこなわれると、こうして「限りなく高められた権力」が生まれるのである。

旧ソ連に「ノーメンクラトゥーラ」と呼ばれる〝赤い貴族階級〟が生まれたことなど、絶対権力の典型であろう。

ところで、ハイエクがノーベル経済学賞を受賞したのは七四年であった。十二月十一日におこなわれた受賞講演の演題はPretence《プリテンス》 of《オブ》 Knowledge《ノレッジ》という少々変わったものであった。訳せば、「知りもしないのに知っているふりをする」ということになる。渡部は『新常識主義のすすめ』（文春文庫）に収められた論考「不確実性時代の哲学」で、このノーベル賞受賞講演を以下のように要約している。

ハイエクは現代の経済学が、数学的に処理できるものしか科学的と見ず、それを経済の全体として錯覚する傾向があることを指摘する。そして更に本質上知り得ぬもの、コントロールしえぬものを、把握しうると考え、したがって政治が価値などをコントロールできると考え、絶えざる介入が行なわれていることの誤謬《ごびゅう》をあばく。（中略）
できっこないこと、わかりっこないことを、わかりうることとして計画経済をやることを、ハイエクはPretence of Knowledgeと呼んだのであった。（七七〜八八ページ）

これまで人は「理想社会をつくるんだ」といって革命を起こしたり、「国のかたちを変えるんだ」といって行動を起こしたりしてきた。だが、そんなものは幻想にすぎない。なぜなら人知にはそんな能力はないからだ、というのがハイエクの哲学であり、保守主義の思想であった。じっさい、フランス革命（一七八九年）も、ロシア革命（一九一七年）も旧い体制（アンシャン・レジーム）を打ち倒し、新たな社会を切り拓こうとしたが、結果は酸鼻《さんび》な暴力社会（テロや粛清）を生み出しただけであった。人知をもって世界全体を改造しようという試みはかならずや失敗に終わる。それを知っているから、ハイエクも渡部も自分たちが親しんできた伝統社会をたいせつに受け止め、そこに不都合があればそれを改良しようというにとどめてきたのである。

さて、『ハイエク〜マルクス主義を殺した哲人』からひとつ、印象に残るフレーズを引いておこう。

ハイエクが日本に来て講演した時に、「自由主義の法律はDon'tであるべきである。Doであってはいけない」といいました。ハイエクが是認する法律の特色は「否定」です。「これこれをせよ」という法律ではなく、「これこれすべからず」という法律を求め、否定されていること以外はやっていいというくらいでないと、自由主義ではないというわけです。

（五九〜六〇ページ）

簡単にいえば——自由主義社会の交通法規は「右折禁止」とか「駐車禁止」「制限速度は五〇キロ」といったぐあいに禁止の体系からなっている。ドライバーはそれさえ守れば、どこへ向かおうと自由である。ところが、自由なき全体主義社会は「サンクトペテルブルクへ向かえ」「ハバロフスクへ行け」と命じる。そんな命令社会では、ドライバーは自分の好きなところへ向かうことを禁じられている。とてもではないが、そんな社会では生きられない……。

ハイエクは徹底した自由主義者だったのであり、通訳という仕事をつうじてかれの薫陶《くんとう》をえた渡部昇一もまた徹底した自由主義者であった。

〇

ハイエクからは税制についても大きなヒントをえていたようだ。それは『歴史の鉄則〜税金が国家の盛衰を決める』（ＰＨＰ研究所）で詳しくふれられているが、二〇一五年一月十三日付の毎日新聞に載った「重税国家からは富と人材が流出する〜戦後英国の轍を踏んではならない」という論考（文藝春秋刊『日本の論点２０１２』からの再録）が簡潔に語っているので、それをみておこう。

ハイエクの講演はいつも「ハイエク理論」のエッセンスをわかりやすく語っていたが、なかでもいちばん強烈な印象を与えられたのは「いかなる国も所得税は一〇パーセント、多くても一五パーセントで足りるはずである」という言葉だったと記している。

その頃の日本では上の方の税率は70か75％だったからびっくりした。

その後、どういう風の吹きまわしか、私は政府税調委員に委嘱された。その時に当時の大蔵省主税局長さんに、「ハイエク教授は所得税は10％程度でよいはずだと言っておられるが、主税当局はどうお考えですか」と私が質問すると、即座に答えが返ってきた。

「みなさんから徴収させていただけるなら、10％はいりません。７％で結構です」

なるほど、日本のＧＤＰを大ざっぱに５００兆円とすると、７％なら35兆円だ。その頃の所得税は20兆円前後だったから、７％でも十分すぎる。低所得者を無税にしても10％ならうんと余るはずである。

一方、相続税は、消費税の１％分くらいのものだから、全廃しても大したことはない。所得税の上限10％、相続税ゼロならば、国民はのびのびとして、勝手に消費し、景気がよくなり、さまざまな文化も自然発生するであろう。外国の大金持も移住してくれれば、国際的にも有利だ。

一九九〇年（平成二年）に日本画壇の最高峰・奥村《おくむら》土《ど》牛《ぎゅう》が亡くなると、残された大量のスケッチ類をやむなく焼却した、と書いたのは遺族の写真家・奥村勝之であった（ネスコ出版刊『相続税が払えない～父・奥村土牛の素描を燃やしたわけ』）。少しでも相続税を軽くするためには、画伯のスケッチを廃棄せざるをえなかったというのである。この話になったとき、渡部は「ああ、なんともったいない！」といって天を仰ぐふうであった。そして、「日本の税制は文化の破壊です」とつづけた。

日本が世界に誇った生物学者・今西錦司《きんじ》は京都に「今西の森」と呼ばれるほど宏大な庭園をもっていた。そこには近所の子供たちが遊びにやってくるだけでなく、さまざまな樹木や池があったから、いろんな生物が集まってきた。「今西の森」は今西自身の貴重なフィールドにもなっていたのだ。だが、九二年（平成四年）に亡くなると、高額の相続税が課せられることになったため、遺族はやはり屋敷の半分を更地《さらち》にして売却せざるをえなかったと伝えられている。『歴史の真実から甦える日本』（徳間書店）には、こんなくだりがある。

生前まじめに働いて、きちんと税金を納め、その残りが相続財産となって残ります。ただそれだけのことなのに、世帯主が死んだらその半分を取られてしまうのですから、これはもはや「課税」ではなく「懲罰」というべきでしょう。これほどの仕打ちは、いかに厳しい大名であっても領地・領民に課したことはないと思います。

そんな苛酷な「懲罰」が、世帯主が亡くなるたびに全国各地で起こっているのです。それが日本の実状です。

生きているあいだは累進課税で苦しめられ、死んでからは相続税で遺族が息の根を止められる。こんなひどい国がどうして自由主義国といえましょう？　（一二八〜一二九ページ）

十五万冊という膨大な蔵書を抱えた渡部家もおそらくこの苛政《かせい》を逃れることはできないであろう。なにしろ、三千五百万円もする十五世紀刊行の『カンタベリー物語』を筆頭に、一冊数百万円という洋書の稀覯本がずらりと並んでいるのだ。相続税がいくらのしかかってくるものか、わたしには想像もつかない。

悪平等の思想が蔓延する戦後日本は、渡部がくりかえし指摘した「税高くして民滅び、また国亡ぶ」を地でいくことになるかもしれない。

佐藤順太の教え

「メンター」という言葉がある。ホメロスの『オデュッセイア』に出てくる賢者にして、オデュッセウスの息子テーレマコスのよき指導者メントールに由来した言葉だ。いわば、人生の師、指導者といったほどの意味である。そして、多くの経験を有するメンター（師）は手取り足取り教える教師というより、精神的な支えとなる人物とみるべきである。

その意味で、ハイエクは渡部のメンターのひとりだった。

○

最大のメンターは、もちろん佐藤順太であった。

なにしろ、渡部はかれに出会ったせいで理科コースから文科コースに志望を変え、「佐藤先生のごとく老いたいというのが念願になった」というのだから、ただごとではない。「辞書はCOD（『コンサイス・オックスフォード・ディクショナリー』）がいい」といわれれば、それを古本屋で買ってくる。『伊勢物語』ならば「注釈は江戸期の藤井高尚にかぎる」といわれ、大学に入ってからそれを手に入れている。

佐藤家は玄関脇の部屋が書斎になっていて、和漢の木版刷りの書物が天井に届くほど積んであった。図書館でしかお目にかかれないような分厚い辞書が置かれている。イギリスの百科事典がずらりと並べられている。そして、部屋の隅には碁盤《ごばん》。万巻《ばんかん》の書を読み、息抜きをするときは碁盤に向かう……。あの膨大な「渡部図書館《ワタナベ・ライブラリー》」の原型はここ、佐藤順太の書斎にあったのである。

メンターとしての佐藤順太の役割は書斎というものの魅力を教えてくれただけではない。学問というものはどういうものであるか、言い換えれば「真の学問」を言外に教えてくれた。

学校の英語の時間には、シェイクスピアの『リヤ王』の書き直し版《リトールド》を使われたことがある。そのときの老人の心境は、老人である先生御自身や知り合いの実例にもとづいた、まことに説得力のあるもので、その後大学で読んだブラッドレイのオックスフォード大学でのリヤ王論より立派であるように思われた。それ以来、シェイクスピアは単に芝居を書いたのでなく、人生の現実を描いた人であると理解するようになった。（『続・知的生活の方法』一八八ページ）

これを敷衍《ふえん》すれば、文学であれ哲学であれ、たんに文字面を追うのではなく、文字の奥にひそんでいる人生の真相を読め、ということになるだろうか。

言葉ひとつについても、その核心を摑めと教えている。大学一年の夏休みに問われたのはnowadays（近ごろ）という単語にはなぜsがついているのか？　ということであった。sは複数語尾、と覚えていただけではこの問いは解けない。げんに、夏休みが終わり、英文科の教授たちに訊いてまわっても、その説明はしてもらえなかったという。それから二年後、英文法の本を読んでいたとき、やっとわかった！　sには副詞をつくるという強力なはたらきがあるというのだ。だから、「時」を副詞的に示そうというばあいはsをつける。これが正解であった。

大学三年の夏休みに帰省して、以上のように答えると、メンターは《「そういう疑問を一つでも自分で解くと、うんと力が伸びるものだ」／とおっしゃって莞爾《かんじ》とされた》（『英文法を撫でる』四二〜四四ページ参照）という。

『知的生活の方法』にはこんな一節もある。

先生はよく、有名な学者の意見でも、「あれは何を言ってるかわからぬ」ということをはっきりのべられたものだった。「わかったふり」はけっしてなさらない。また（中略）実感としてそう思われたことは、学界の通説にかかわらず、そのようにのべられた。先生はまことに「己に忠実」な方であられた。

この先生を神のごとく崇拝していた私は、「わからない」と言うことを怖れなくなった。大学の英文科ではむずかしい話をわかったように偉そうに言うのが普通であった。しかし私は英詩の大部分は不自然でわからないと公言して憚らなかった。（二八ページ）

佐藤順太は「己に忠実な生き方」も体現してみせてくれたのである。これこそメンターの典型であろう。

前記『フィロロギア』には、上智大学の同僚ピーター・ミルワードが「マンデー・クラブ」と題する思い出をつづっているが、そのなかにこんな一節がある。

１９６８年の夏に上智大学でも学生運動が始まりました。渡部氏がこの不愉快な出来事を全く無事に切り抜けることができたのはまさに驚くべきことでした。というのも、彼は運動を起こしている学生達や、彼らの馬鹿げた要求を一切認めず、忠実にも大学側に立ち、急進的な少数派とも言うべき学生達と真っ向から対峙していたのです。我々教員が運動を起こしている学生達に反論をした際には、渡部氏は教員のリーダーにさえなったのです。彼が正門の外で堅く握った拳を振り上げて「反対！」と断固たる声を上げていたのを私ははっきりと覚えております。そして、この声に続いて、我々はみな声をそろえて「反対！」と叫んだのです。（三六ページ）

このとき渡部はまだマスコミに登場していない。まだ無名の助教授に過ぎなかった。しかし、「己に忠実であれ」という師の教えは学生運動全盛時代にもいかんなく体現され、全共闘の学生たちの要求をすべて突っぱねるバックボーンとなっていた。同じころ、全共闘の学生たちに東大の研究室を荒らされた教授・丸山真男が蒼《あお》ざめた顔をして、「キミたちのような暴挙はナチスも日本の軍国主義もやらなかった」と口走ったと伝えられているのとなんという相違であろう。

露伴開眼へ導いた神藤克彦

大学に進学してから、かつての佐藤順太の役割を果たすことになったメンターは教育学の教授・神藤克彦《しんどうかつひこ》であった。旧制中学を出てからしばらく家業を継いでいたが、向学の念やみがたく、学費の要らない広島高等師範学校から広島文理大学へ進んだというから、その足跡も佐藤に似ている（佐藤は前述のとおり、東京高等師範卒である）。

鶴岡にいた旧制中学時代や大学に入ってからは帰省したとき佐藤の家に入り浸ったように、上智大学時代は、当時の住宅事情から大学のキャンパス内に住んでいた神藤のもとに日参している。神藤も夫人の千鶴子も学生たちが訪ねてくることを少しも嫌がらなかったという。

その神藤から強く奨められたのが幸田露伴の『努力論』であった。

「露伴の偉さが分かるためには、彼がどういう修養をした人間であるかを知らなければならない。そのためには、まず『努力論』を読むことだ。『修省論』でもよい……」

というわけで、まず『努力論』を薦めてくださった。大学の授業で挙げられる参考文献と異なり、ご自宅で茶卓を前にして薦められる本は先生自身の人格、あるいは人生が籠められているように感ずるものだ。

そしてまず『努力論』は私の最も重要な愛読書となり、あれから六十年ほど経ついまでも、私の机の前、三、四十センチ離れたところ、つまり手の届くところにある。（WAC刊『知の湧水《ゆうすい》』一一三〜一一四ページ。文中の『修養論』を『修省論』と訂正）

露伴の『努力論』（岩波文庫）は「運命と人力と」／「着手の処」／「自己の革新」／「惜福の説」／「分福の説」／「植福の説」／「努力の堆積」……といった目次からも知れるように、文字どおり修養の書、言い換えれば人間学の書である。したがって、戦後は古臭いとされ、ほとんど顧《かえり》みられることがなかったが、苦労人の神藤克彦はその真価を見抜いていたのである。

たとえば、「運命と人力と」にはこんな言葉がある。——《運命というものも存在して居《お》って、そして人間を幸不幸にして居るには相違ないが、個人の力というものも存在して居って、そしてまた人間を幸不幸にして居るに相違ない》（三二ページ）。

「静光動光」では《心は気を率い、気は血を率い、血は身を率いる》（一六八ページ）という言葉が目を引く。これは健脚法について述べた文章であり——「心」がみずからの足を強くしたいと思うと、歩くひと足ごとに「気」が入り、そこへ「血」が流れていく。それをつづけているると血は「身」、すなわち筋肉をつくり、健脚を実現するはずだと説く。こうした「心」→「気」→「血」→「身」という連環はなにも健脚法だけでなく、人生のすべての場面に当てはまるというのが渡部の信念となった。

ここで、露伴に学んだ渡部の「運命論」に耳を傾けてみよう。

運は冥々《めいめい》のうちにめぐるものである、と幸田露伴は言っています。（中略）何につけ運を期待するようでは人間がちっぽけになるだけです。運というのはもっと大らかというかルーズというか、そういうものであるようです。

運が自分のところに来るか来ないかはわからない。自分のところに来なかったとしても、それはそれでいい。誰かのところに行ってしまってもかまわない。まあ、いつかは自分のところに来ることもあるだろう。そういう気持ちで運を天に預けておく。そういう心構えでいるのが大切なのだ、というのが幸田露伴の運についての考え方ですね。

運をすぐ期待するようなことはしない。運は冥々のうちにめぐって、いつかは自分のところに来ることもあるだろう。そういう気持ちで、いま向かっているものに真面目に一所懸命に取り組んでいると、そういう人は運に恵まれるらしいですよ。

（木田元との対談『人生力が運を呼ぶ』、二四五～二四六ページ）

谷沢永一との対談「読書有朋」で、渡部は――結婚を前にしたとき、自分の学問の方向づけをしなくてはならないし、家族を食わせなければならない、家も建てる必要があるだろうと考えたとき、『努力論』を取り出し何度もくりかえして読み、「このセンで行こう」と、肚《はら》を決めたと語っている（『読書談義』二二一ページ参照）。とりわけて高尚というわけではないけれど、『努力論』に生きるヒントがいろいろ詰まっていることだけはたしかである。

こうして神藤というメンターに奨められた『努力論』は、一九一二年にノーベル生理学・医学賞を受賞したアレキシス・カレルの『人間～この未知なるもの』（三笠書房）、スイスの哲学者カール・ヒルティの『幸福論』（岩波文庫）、大正から昭和にかけての日本のカトリック界の精神的指導者といわれた司祭・岩下壮一の『カトリックの信仰』（講談社学術文庫）などと並んで生涯をつうじての座右の書となった。

英語の小説に真の感動を覚える

前節でみた「いま向かっているものに真面目に一所懸命に取り組んでいると運に恵まれる」という自説を証明するかのような出来事は六八年（昭和四十三年）にやってきた。この年はフルブライト招聘《しょうへい》教授として単身渡米、そして一年間、ニュージャージー、ノース・カロライナ、ミズーリ、ミシガン各州の六つの大学で講義をおこなっているが、そのなかでエポック・メイキングな体験をしたのである。

文化交流のための招聘だったから、講義といってもそれほど負担のかからないものだったという。週に二、三回、簡単なおしゃべりをすればいいといった程度のものである。したがって、フリーな時間がたっぷりあった（運転免許もこのとき取った）。家族は日本に残して行ったから、問題は豊富な空き時間をどう使うかにかかっていた。そこで、《とにかくおもしろくなるまで現代通俗小説を読み漁ろうと思った》（『知的生活の方法』四二ページ。傍点原文）という。

　アメリカに渡った英文科の助教授がなぜそんなことを考えたのかといえば、自分は英語の小説を読んでゾクゾクするほど深い感動を覚えたことが一度もない、という反省があったからだ。子供時代には少年講談や捕物帳を読んで感激した。真田幸村の計画がことごとく淀君に潰されると、そのページをゲンコツで殴りつけるほど夢中になったというエピソードはすでにふれた。では、英語の小説ではどうしてあのような感動をえられないのだろう？　そう考えた末の結論は――《私の英語は本物ではない》（同書四〇ページ）というものであった。

　イギリス人のように「ロンドン・タイムズ」や「タイム」にササッと目を通せないことを痛感したときはひたすら「ボキャブラリー・ビルディング」に励んだ。あれと同じように、今回の一年間の滞米生活では体がゾクゾクするようになるまで現代通俗小説を読み漁ろうと決心したのである。

　最初の任地ニュージャージー州ではアガサ・クリスティの推理小説やG・K・チェスタトンの「ブラウン神父」ものを読み漁り、その世界に引き込まれたが、推理小説というのは筋を追うだけでもおもしろいものだから、これではだめだと悟る。

次のノース・カロライナ州ではポルノ小説に挑み、何冊か読み耽ったものの、これも特殊なジャンルであるからあまり意味はない。

三番目のミズーリ州では、当時評判のトルーマン・カポーティ『冷血』を読んだが、まあ、おもしろいといった程度。そこで学生たち（といっても、現職の小学校教諭が多かったという）に「あなたがたがほんとうにおもしろいと思った小説を教えてほしい」と頼んだところ、返ってきた答えはエドガー・アラン・ポー、アーネスト・ヘミングウェイ、ジョン・スタインベック、ハーマン・メルヴィル、ウィリアム・フォークナー……といった定番ばかりだった。


ある日、古本屋に行ったら、たまたまペーパーバックで、表紙に「五百万部（五十万部ではない）突破」（Five Million Copies Sold）と刷ってある小説が目についた。著者はハーマン・ウォークで、書名は『マジョリー・モーニングスター』とある。これは確かナタリー・ウッド主演で映画【「初恋」―松崎注】にもなった小説で、まだ日本にいるときにそれを見た覚えがあった。五百万部も売れたものならひとつ読んでやろうと思って読み進めたところが、引き入れられるようにおもしろい。そして、終りに近づいてきたら、がくがくと身震いがしてきて、読みつづけることができなくなった。……

（同書四四ページ）

この『マジョリー・モーニングスター』は五八年（昭和三十三年）に新潮社から大久保康雄訳『マージョリーの短き青春』として翻訳（完訳ではない）が出ているようだが、現在ではほとんど手に入らない。原書の*Marjorie Morningstar*は「アマゾン」などで注文できるものの、総計五七六ページもあるから、これはとても読み切れそうにない。……と諦めかけていたところ、英語版のWikipediaに小説のプロットが掲載されているのを見つけた。以下、それを訳しながら、「終りに近づいたら身震いがして読みつづけることができなくなった」という本書のあらすじを紹介していこう（「いろいろ問題がある」と評される「ウィキペディア」であるから正確は期しがたいが、それでも概要は摑むことができるだろう。ちなみに、訳文中の【～】内はわたしの独り言である）。

○

一九一六年生まれのマジョリー・モルゲンスターンは一九三〇年代のニューヨークに暮らすユダヤ人の少女である【作者ハーマン・ウォークもユダヤ人だ】。明るい性格で、とても美しく、人気もあり、ボーイフレンドも大勢いる。

父親がビジネスで成功したから、モルゲンスターン一家は貧しいユダヤ人の多いブロンクス地区から豊かなマンハッタンのアッパー・ウェストサイド地区に移り住む【アイヴィー・リーグのエリート学生たちもたくさん彼女に言い寄ったのではあるまいか】。周囲の環境がガラッと変わったから、母親は「マジョリーが将来性豊かな男性と結婚する可能性が高くなった」と、夢をふくらませる。

マジョリーはといえば、ドイツふうの「モルゲンスターン」ではなく「マジョリー・モーニングスター」という芸名にして女優になることを夢見ている。彼女は学校（「ハンター・カレッジ」）の演劇部に所属し、主役を張った。それがきっかけで、マーシャ・ゼレンコと知り合いになる。しばらくのあいだのことではあったが、マーシャはマジョリーの大親友となる。彼女は、女優を夢見るマジョリーを励まし、自分が美術工芸を教えているサマー・キャンプで演劇関係の仕事も斡旋する。

その夏、マーシャはマジョリーにプロの演劇関係者たちの集まるちょっと危険で大人びたリゾート地「サウス・ウィンド」へアバンチュールな旅をしようと提案する。マジョリーはその地でノエル・エアマンやウォリー・ロンケンと出会う。

ノエル・エアマンは彼女より年上で作曲家として名を上げていた男、ウォリー・ロンケンは劇作家になることをめざす年下の男だ。

マジョリーはノエルを崇拝するようになる。というのも、かれは歌をうたいダンスができ、作曲をし、そして外国語がいくつも喋れたからだ。そしてふたりは、その後の四年間を決定づけるような関係に入る。ノエルのいうことには――ぼくは結婚することに興味はないし、きみ

（マジョリー）が最終的に望んでいるような中流階級の暮らしにもまったく興味はない。ノエルはユダヤ人の出自から逃れるために「ソール（サウル）」という出生時の名前を変えた男である。だから、マジョリーが厳守しているユダヤ的慣行（ベーコンを食べたがらない等々）を冷やかし、また婚前セックスをしようとしない彼女の「モーゼ的」慎ましさを責める【アメリカの物語とはいえ、舞台は一九三〇年代なのである。当時は「婚前セックス」など、まだ一般的ではなかったのであろう】。ノエルはマジョリーに向かって、「きみは〝シャーリー〟だ」という。「シャーリー」というのは、ニューヨークの育ちのよい典型的なユダヤ人娘をさす言葉で、結局のところは安定した夫と家庭を欲する女性を意味している。

ノエルはそう批判しながら、芸術的なキャリアを一歩踏み出すが、作中、ノエルもマジョリーも演劇の世界で成功することはない。

マジョリーも自分が女優として成功することはないだろうと諦め、本を読んだり、はたらいたりして過ごすことが多くなる。

一方のノエルは、マジョリーが自分に不似合いな仕事を押し付けてくるので「不幸せになった」と彼女を責めながら、せっかく就いた記者や編集者の職を辞めてしまう。そして彼女と結婚することよりも、ニューヨークを離れることを選んで、こう告げる――自分は作家として成功することはないだろうから、哲学の勉強のためパリへ行く、と。

そんなかれとついに婚前セックスをしたマジョリーは、自分の唯一の望みはノエルとの結婚だと確信する。そして、ノエルに結婚を承知させる最善の道は、一年待って、それからパリまでかれを追いかけることだと心に決める。

マジョリーはフランスへ向かう途中、「クイーン・メアリ号」でミステリアスな男に出会う。彼女はその男との交流を愉しんだ。男のほうも彼女を鄭重にもてなし、彼女がユダヤ教の伝統を守っていることに敬意を払い、パリでノエルを探す手助けをする。

ノエルはパリでマジョリーに「再会できてうれしい」と告げるが、彼女が空腹だったり、傷ついていたりすることにまったく気づかない。パリにいたあいだも、じつは哲学を学ぶための入学手続きをしていなかった。そこで、アメリカに戻って執筆活動をはじめるつもりだと告げ、彼女に結婚を申し込む。ところが、【なんと！】マジョリーはそれを断わってしまうのだ。ノエルといっしょになっても幸せにはなれないだろうし、そうなれば、だれか他の男と恋に落ちることになるだろうと気がついて。

ノエルの呪縛から解き放たれたマジョリーはニューヨークに戻り、すぐに別の男と結婚する。マジョリーはもうノエルが彼女を「シャーリー」と呼ぼうがどうしようが気にしない。

小説は、【マジョリーに憧れていた年下の男】ウォリー・ロンケンの日記を引用するというかたちでエピローグを迎える【先に「がくがくと身震いしてきた」とあったのはこのあたりだろう】。ウォリー・ロンケンは若いときマジョリーを崇拝していた男で、彼女が結婚してから十五年たったときに再会する。マジョリーは郊外に住むユダヤ教に熱心な妻として、また母として、幸せに暮らしていた。ウォリー・ロンケンはかつての明るい目をした少女を思い出すと同時に、三十九歳のふだんの彼女がいまどんなふうに見えるかに驚くのだった【老けていたということであろう、おそらく】。

○

前述したように、『知的生活の方法』には「終りに近づいてきたら、がくがくと身震いがしてきて、読みつづけることができなくなった」とあったが、それにつづく文章を読んでみよう。

ウォルター・ロンケンという登場人物に、いつのまにかすっかり感情移入していたのであった。いま、その本を取り出して見ると、私の身震いが始ったのは五六七ページである。私は心を落ち着けるために風呂に入った。そして残りの四ページ半を読んで、この記念すべき小説を読了した。

(四四ページ)

文中にある「ウォルター・ロンケン」というのが正式な名前で、Wikipediaにある「ウォリー・ロンケン」というのは略称か。

これは私にとってまさに記念すべき夜であった。『マジョリー・モーニングスター』は、超ベスト・セラーであるだけあって、非常におもしろい小説ではあるが、ポルノでもなければ推理小説でもない。青春小説であり、アメリカ風のビルドゥングス・ロマーン（教養小説）である。それを子供のころに少年講談や『三国志』を読んだときのような興奮で読み終えることができたのだ。ついに英語についての私の不全感はふき飛んだのだ。私は踊り狂いたいような気になった。

（同ページ）

このあと、ミシガン州へ行ってからは、アーサー・ヘイリーの『ホテル』やジョン・アップダイクの『カップルズ』といった「一般の小説」を夢中になって読破したと報告している。ひとたび開眼すると、あとは一気呵成《いっきかせい》であった。

この〝小説開眼〟において、メンターは夫子《ふうし》自身というべきであろう。目標を決めると、それに向かってひたすら努力を重ねる渡部の突貫精神は、大学時代の「英文復元法」やイギリスから帰国したあとの「ボキャブラリー・ビルディング」で大いに力を発揮したが、ここでもまた大輪の花を咲かせたのだから。

第五章　慧眼に富んだ〝渡部日本史〟

自国の歴史に誇りを与える〝渡部日本史〟

上智大学文学部英文学科教授に就任したのは七一年（昭和四十六年）で、ちょうど四十歳のときであった。

この教授就任と歩調を合わせるかのようにスタートしたのが雑誌「英語教育」（大修館書店）のコラム「アングロ・サクソン文明落穂集」の連載である（第一回は四月号）。アングロ・サクソン文明圏にかんする事柄であればなんであれ、多岐にわたって取り上げてきたから各回のテーマはじつに多彩である。――「教室英語の知的価値」／「スコットランド人のケチについて」／「お金と知的生活」／「ポルノ裁判小説の傑作」／「子連れ学会」……といったぐあいである。

この連載は亡くなる二〇一七年（平成二十九年）までつづき、なんと五三〇回を超えることになった。これは現在、連載と同様、『アングロ・サクソン文明落穂集』というタイトルで広瀬書院から刊行がつづけられている。正式に確かめたわけではないが、五三〇回を超える連載はギネス級なのではあるまいか。

○

さらに注目すべきは、その二年後の七三年（昭和四十八年）に刊行された『日本史から見た日本人』（産業能率短期大学出版部）である。英語学の教授がなぜ日本史を？　という声は当然あった。そうした疑問について渡部は、フルブライト招聘教授として渡米したとき、アメリカで暮らしている日本人の青年たち（学生や若い研究者）が日本について呆れるほど無知であることに気づいたからだと答えている。

日米の戦争についても、日本側だけが一方的に悪いと信じ、日本にも相当の言い分があったのだなどということについての知識はかけらほどもない。それどころか日本の歴史、伝統についての知識が全くなく、したがって日本文化についての誇りもなかったのである。
（祥伝社黄金文庫版『日本史から見た日本人〜古代編』三ページ）。

戦後、多くの日本人がいわゆる東京裁判史観に呪縛されてきた。すなわち――昭和三年（一九二八年）の「張作霖（満洲の軍閥）爆殺事件」から昭和二十年（一九四五年）の敗戦にいたるまで、日本政府および帝国陸海軍が関係した事変や戦争はすべて、東アジアおよび南方の諸地域を侵略し支配しようという共同謀議にもとづいていた。したがって、戦前・戦中の日本がなした各種の行動はすべて「悪」であったとする見方である（昭和二十二年生まれのわたし自身、学校ではそう教えられてきた）。こんな史観に汚染されていては日本人が自国の歴史や文化に誇りをもつことができないのも当然だろう。ましてや、自国の歴史や文化などにはまったく興味をいだかないアメリカ暮らしの若い日本人学生や研究者がみずからの祖国をさげすむようになるのは当たり前ではないか。

そこで、東京裁判史観から見るのではなく、日本史から見た日本人の姿を浮き彫りにしようとしたのが本書であった（祥伝社黄金文庫の『日本史から見た日本人』には「古代編」「鎌倉編」「昭和編」の三篇があるが、最初に産業能率短期大学出版部から刊行されたのは「古代編」に相当する一篇である。続編を予定していたわけではないので、最初の本に「古代編」という断り書きはない）。

本書には注目すべき一節がある。

フルブライト招聘教授の務めを果たして帰国する途次、それまで訪れたことのなかったギリシャへ足を伸ばした。そして帰国後、一年間の留守を埋め合わせる〝家族サービス〟として石巻（宮城県）にしばらく滞在したときのことであった。

島【金華山―松崎注】には黄金山《こがねやま》神社があって金山毘古神《カナヤマビコノカミ》と金山毘売神《カナヤマビメノカミ》が祀ってあり、さらに山頂には大海祇《おおわたつみ》神社がある。この三神はいずれも『古事記』によれば、イザナミノミコトからお生まれになったことになっている。（中略）

私はこの金華山の水の美しい海岸で泳ぎながら島を見上げたが、それは、まったくの緑島《みどりしま》山《やま》であった。この島には大木が鬱蒼としげり、野生の鹿もいた。

当然、私はポセイドンの神殿跡の下で泳いだギリシャの体験とを思い合わせざるをえなかった。それはまずハゲ山であった。神殿跡はあくまで神殿跡であって、神殿ではなかった。（中略）祭りは絶えていた。

つまり古代日本文化は生き物なのに、古代ギリシャ文化は死んだ物だったのである。

（同書九四～九五ページ。傍点原文）

「生きた文化」と「死んだ文化」という対比の発見は、そこから《日本史の最大の特徴というのは、何といっても有史以前から何でもかんでも続いていることである》（同書一四～一五ページ）という公理を導き出した。じっさい日本史においては、その民族、やまと言葉という言語、八百万の神々や祖先を祀る神道、そしてやがて百二十六代となる天皇……みな、有史以前から連綿とつながっているのである。

おもしろいケースとして頭に浮かぶのは二〇一四年（平成二十六年）の高円宮家《たかまどのみやけ》の典子女王《じょおう》と出雲大社の権宮司《ごんぐうじ》（父の宮司に次ぐ地位）千家国磨との結婚だ。『古事記』に記されているアマテラスオオミカミの子孫とオオクニヌシノミコトの末裔《まつえい》がなんと二十一世紀に（！）結婚したのである。なんとも痛快な出来事ではないか。このように、神話と人の代の歴史が地続きになっている国がいったい世界のどこにあるだろう？

渡部昇一はこうした日本に誇りをもち、《国民が自分の国の歴史に対する愛と誇りを失えば、日本人としてのアイデンティティを失い、日本よりさらに野蛮な国に、自分のアイデンティティを求めたりするようになるのではなかろうか》（同書一三～一四ページ）という危惧の念から『日本史から見た日本人』を世に問うたのである。

七〇年代当時のことだから、一部には「皇国史観めいた危険な書」という評もあったようだが、『梅干と日本刀』や『逆・日本史』で知られる歴史家の樋口清之は「まさに、日本人論の傑作と言えよう」という推薦文を寄せている。

本書は版に版を重ね、三十八版を数えるまで読まれつづけた。そうなれば、当然、「続編を……」という話になり、かくして「鎌倉編」「昭和編」が書き継がれることになったのだった。

英語学教授の異色日本史はここに定着した。

〝渡部日本史〟は成長をつづけた

そうしてスタートした〝渡部日本史〟がさらに新しい展開をみせたのが九〇年（平成二年）から刊行のはじまった『日本史の真髄～頼山陽の「日本楽府《にほんがふ》」を読む』全三巻（PHP研究所）だ。

頼山陽はいうまでもなく江戸後期の儒者である。「楽府」というのは、長短の句を連ねて抑揚やリズムを生み出す漢詩のスタイルのひとつだ。その楽府調の漢詩で歴史上の有名な事件や出来事六十六項目をつづったのが山陽の『日本楽府』である。

ところが、この『日本楽府』がきわめてむずかしいのである。本書の文庫版である『甦る日本史～頼山陽の「日本楽府」を読む』1（PHP文庫）の「まえがき」によれば、戦前は旧制中学の漢文の教科書には「蒙古来《もうこきたる》」など、その一部が載っていたようだが、わたしあたりではとても読みこなせない。サンプルとして第一闋《けつ》「日出処《ひのいづるところ》」（これは比較的とっつきやすい）の読み下し文をかかげてみる。

日の出《い》づる処。日の没する処。
両頭《りようとう》の天子皆天署《てんしよ》。
扶桑《ふさう》鶏《にはとり》号《な》いて朝《ちよう》已《すで》に盈《み》つるも。
長安洛陽天未だ曙《あ》けず。

嬴《えい》は顚《たふ》れ劉《りう》は蹶《つまづ》きて日没を趁《お》い。
東海の一輪旧《きう》に依りて出づ。

（文庫版一八ページ）

文字どおり、珍文漢文《ちんぷんかんぷん》である。

そこで、『頼山陽の「日本楽府」を読む』はまず簡単な訳文を付し、そこに克明な解説を加えていく。教科書ふうの記述ではなく、漢詩のリズムに乗り、〝渡部史観〟に即した解説であるため、通読すれば日本史の有名な事件や出来事がスッキリ頭に入るという仕掛けになっている。一種のアイデアから生まれた日本史解説といってよい。

ちなみに、右に引いた漢詩の訳は以下のとおり。

東方の日の出るところの国と西方の日の没するところの国とがあります。

両方の国の天子はそれぞれ天子の署名のある国書を交換して交わりを結んだ。

扶桑という名木が多くあるのでその名で呼ばれるわが国では、暁を告げる鶏がとっくに鳴いて、朝廷には百官が出勤しているのに、西方のシナの都の長安や洛陽ではまだ曙になっていない。

嬴《えい》氏の建てた秦の国も倒れて滅び、劉《りゅう》氏の建てた漢の国も蹶《つまず》いて転ぶように倒れて亡んでしまった。
それに反して、東の海からは、一輪の太陽が、もとと変わらずさし昇るのである。
（同書二八～二九ページ）

いわんとしているのは、いうまでもなく、《日本の国体が、シナ大陸の諸王朝にくらべてすぐれているということ》（同書二三ページ）だ。以下、日本の歴史を六十六闋《けつ》にわたって書き連ねたところに山陽の功績があった。というのも、そこに浮かび上がる壮大な歴史絵巻は幕末の志士たちを大いに鼓舞し、そして明治維新の原動力になったからである。それが渡部の『日本楽府』観であった。

『甦る日本史～頼山陽の「日本楽府」を読む』3の巻末に置かれた谷沢永一の解説によれば――岩波書店「新日本古典文学大系」の『菅茶山 頼山陽詩集』の編者であり、山陽六代目の子孫・頼惟勤《らいつとむ》は本書について《講釈の形式に新機軸を出したこと、著者が西欧文化に詳しいことなどにより、出色の注になっている》《従来は、（中略）福山（天蔭）注以外に見るべき注がなかった。しかし最近になり、これに渡部注（いわゆる注本の体裁ではないが）が加わったことは特筆すべきことである》（二九三～二九四ページからの孫引き）と、大絶賛しているそうである。

以上のような〝渡部日本史〟を集大成したのが、二〇一〇年（平成二十二年）から刊行がはじまった『渡部昇一「日本の歴史」』（WAC）全七巻である。

(1)（古代篇）『現代までつづく日本人の源流』
(2)（中世篇）『日本人のなかの武士と天皇』
(3)（戦国篇）『戦乱と文化の興隆』
(4)（江戸篇）『世界一の都市 江戸の繁栄』
(5)（明治篇）『世界史に躍り出た日本』
(6)（昭和篇）『「昭和の大戦」への道』
(7)（戦後篇）『「戦後」混迷の時代に』

アメリカで暮らしている日本人の青年たちが日本について呆れるほど無知で、日本文化に誇りをもっていないことに愕然《がくぜん》としたところからスタートした〝渡部日本史〟はここまで成長したのである。

全七巻の特別版として刊行された『読む年表 日本の歴史』（WAC）はたんなる年表ではなく、主だった事項に見開き二ページ程度の解説が付けられているので、日本史再入門にうってつけだ。座右に置いてもたいへん便利であることを付記しておく。

史的慧眼①～和歌の前の平等

この〝渡部日本史〟は多くの創見に富んでいる。思い出すまま、そのいくつかを挙げておけば、第一に「和歌の前の平等」に指を折らなければならない。

『日本史から見た日本人～古代編』には《ある国民の特徴を見るとき、彼らが「何の前において万人は平等と考えているか」ということが、おおいに参考になる》（一一八ページ）として、ユダヤ＝キリスト教圏においては「万人は神の前において平等」であり、ローマ帝国は「万人は法の前において平等」を建前にしていたと規定したうえで、ならば古代の日本人はいかなるものの前で平等と感じていたかと自問して、「和歌の前において平等」だったと答えている。

上古の日本の社会組織は、明確な氏族制度であった。（中略）一種のカースト制と言うべきであろう。（中略）

ところが、このカースト制度を超越する点があった。それが和歌なのである。

『万葉集』を考えてみよう。これは全二〇巻、長歌や短歌などを合わせて四五〇〇首ほど含まれている。（中略）

この中の作者は誰でも知っているように、上は天皇から下は農民、兵士、乞食《こじき》に至るまではいっており、男女の差別もない。また地域も東国、北陸、九州の各地方を含んでいるのであって、文字どおりの国民的歌集である。（中略）『万葉集』に現われた歌聖《かせい》として尊敬を受けている柿本人麻呂《かきのもとのひとまろ》にせよ山部赤人《やまべのあかひと》にしろ、身分は高くない。（中略）

このように和歌を通じて見れば、日本人の身分に上下はないという感覚は、かすかながら生き残っていて、現在でも新年に皇居で行なわれる歌会始めには誰でも参加できる。

（一一九～一二一ページ）

初めてこの一節を目にしたときは思わずうなずいた。そこで、この話を谷沢永一にしたところ、もちろんとっくの昔にご存じで――「歌の前の平等、アレは渡部昇一最大の発見です。歌には言霊《ことだま》が宿る。神様を祈るのではなく、言葉それ自体に価値があるというのが言霊ですが、その言霊の宿った歌の前では天皇も遊女も乞食も平等である。あれはまったくの創見ですナ。あのくだりを読んだときは思わず膝《ひざ》を打ちながらも、してやられた！　と思いました」と語っていた。

その伝統が新年の宮中歌会始めにも流れているというなら、多くの日本人が老若男女を問わず、俳句や短歌をたしなみ、愉しんでいる現代の風景も「歌の前の平等」を示す格好の例といえよう。

史的慧眼②～「神話の力」の発見

藤原道長の歌――「此の世をば　わが世とぞ思ふ　望月の　欠けたることも　無しと思へば」（藤原実資《ふじわらのさねすけ》『小右記《しょうゆうき》』による）はあまりにも有名だ。道長は四人の娘を次々と時の天皇に嫁がせ、その娘たちが男子（道長からみて孫）を生めば、順次、天皇に即位したものである。《まことに前代にも後代にも、おそらく世界じゅうのどこをさがしてもない閨閥を作り上げた》（『日本史から見た日本人～古代編』二四〇ページ）わけであるから、まさにわが世の春を謳歌して、なにひとつ欠けるところのない満月のような心境であったであろう。

しかしここでも道長は、自分が皇位に即《つ》く気はさらさらないのである。道長ほど濃厚でなくても、皇室との関係が深かった藤原氏の者はいくらもいるが、いずれも自分が天皇になろうとはしない。息子をならせようともしない。つねに孫を天皇にしようとするのである【孫とは、天皇の皇子である――松崎注】。このことが、藤原氏があれほど栄華を極めたけれども、亡びず今日に至っている理由なのかもしれない。（同ページ。傍点原文）

げんに、藤原氏の子孫が近衛家や九条家などとして現代につづいているのは周知のとおりである。

ではなぜ、藤原氏は皇位を狙わなかったのだろう？　その答えは『日本史から見た日本人～古代編』には記されていない。それは前掲『甦る日本史～頼山陽の「日本楽府」を読む』1を待たなければならなかった。

藤原氏はどんなに勢力が強大になっても、決して皇位につこうとはしなかった世界でも例の少ない豪族である。この「慎み」がどこから来るかと言えば、「系図」から来ていたと想像したい。藤原氏は元来中臣《なかとみ》氏であり、中臣氏の神代における先祖は天児屋根命《あめのこやねのみこと》である。この神様は天岩屋戸の中に天照大御神《あまてらすおおみかみ》がお籠りになった時、その前で太祝詞《ふとのりと》を唱え、大御神に再び出て来られることを祈った。つまり高天原《たかまがはら》の神様を代表して神事を行ない、それに成功した。更に皇孫【ニニギノミコト―松崎注】が日本に降臨する折にもそれに随行した五部神の第一等の地位にあった。（中略）

藤原《ふじわらの》不比等《ふひと》はいかに権力があっても、このことを忘れなかった。つまり（中略）藤原氏は皇位に仕える氏族であって、決して皇位を窺ってはいけない、という節度が常に働いていたようである。その節度、あるいは「慎み」の故に、藤原氏の子孫は公卿《くげ》として昭和まで残ったのである。

（一五八～一五九ページ。傍点原文）

「神話」が藤原氏を縛ったのである。

先ほどの言葉をくりかえせば、神話と人の代の歴史が地続きだということになる。そのため、武家政権を樹立した源頼朝も、天下を統一した織田信長、豊臣秀吉、徳川家康も天皇から官位を授けられることはあっても、その位を狙うことはなかったのだ。

こうした「神話の力」の発見も渡部昇一の殊勲といわなければならない。

史的慧眼③〜後世に災いをもたらした明治憲法の欠陥

時代は飛ぶが、明治の大日本帝国憲法（一八八九年／明治二十二年発布）に総理大臣の規定がないということは『日本史から見た日本人〜昭和編』で教えられた。《そもそも、明治憲法には、首相とか総理大臣とか内閣とかいう言葉が一度も出てこない。この点、明治憲法は今の目から見るとおかしいのである》（三七ページ。傍点原文）——これも〝渡部日本史〟の卓見といえよう。

初代の伊藤博文以降、首相は現実に存在したものの、その規定がなかったから、憲法上、首相は国務大臣のうちのひとりにすぎなかったのである。そのため、大臣のひとりが首相の意見に異を唱えたばあいは「閣内不一致」ということで、その内閣は総辞職しなければならなかった。どんな大臣であれ、ひとりが駄々《だだ》をこねれば内閣は潰れてしまったのだ。

さらに、『日本史から見た日本人〜昭和編』の記述を追えば——憲法に首相の規定がないという欠陥はのちの日本に大きな災厄をもたらすことになった。というのも、明治三十三年（一九〇〇年）、陸軍省および海軍省の官制に「大臣及び次官に任ぜられる者は現役将官とす」という注記が書き加えられたからだ。いわゆる「軍部大臣現役武官制」である。陸・海軍はこの規定を悪用して、時の内閣が気に食わなければ陸・海軍大臣を引き上げたり、陸・海軍の大臣候補を推挙しなかったりすることによって倒閣が可能になったのである。

大正元年（一九一二年）、時の陸相・上原勇作は陸軍の要望した二個師団増設を拒否されると、辞表を提出した。そのため、首相・西園寺公望は「閣内不統一」を理由に総辞職を余儀なくされている。

そこで山本権兵衛《やまもとごんべい》内閣は大正二年、「陸・海軍の大臣はかならずしも現役の将官でなくともよい」と、陸・海軍省の官制を変更した。これにより、予備役の大将や中将でも大臣になることができるようになった。予備役の将軍は大勢いるから、たとえ軍部の反対があっても首相が組閣に困ることはなくなったのである。

こうした官制改革にあずかって力があったのは時の陸相・木越安綱《きごしやすつな》であった。陸・海軍の嫌がる改革に力を貸すわけであるから、当然、その後の陸軍における出世は見込めない。それでも木越は山本内閣の閣議決定を支持したのである。渡部は木越中将を《真に大勇の人と言うべきであり、また崇高な決断であった》（五七ページ）と、きわめて高く評価している。

「勉強といえば、冬はどてら、夏はゆかたに決まってしまい、いまではこれ以外の服装で勉強したり、ものを書いたりすることはないと言ってよい」
（『知的生活の方法』より）

ところが、昭和十一年（一九三六年）三月に首相の座に就いた広田弘毅《ひろたこうき》は陸軍の圧力に負け、予備役将軍の大臣就任を認めていた官制を改め、「軍部大臣現役武官制」を復活させてしまったのである。それを機に、日本は軍部の暴走に巻き込まれることになったわけであるから、首相・広田の〝罪〟はこの上もなく重いといわざるをえない。

それにしても、首相の規定がなかった明治憲法の欠陥が大日本帝国を破滅に追いやったというのは、これまた渡部昇一の慧眼《けいがん》ではなかったか？　わたしは寡聞《かぶん》にして以上のような視点にもとづく歴史記述を知らない。

第六章　独創を支えたセレンディピティ

論壇デビュー、またたく間に寵児となる

じつをいえば、『日本史から見た日本人』が刊行された一九七三年（昭和四十八年）は、渡部昇一が論壇デビューを果たした年でもあった。

「諸君！」七月号に「文科の時代」と題する論考が初めて載ったのである。『知の湧水』では、《若造の私が文藝春秋社の雑誌に書く機会を初めて与えられたということで非常に嬉しかったことを覚えている》（一三三ページ）と、正直に記している。それはそうだろう、まだ教授になりたての四十二歳。前述したように、処女作『英文法史』を出すときは自費出版も覚悟したほどだったし、よく売れた『日本史から見た日本人』の最初の版元も産業能率短期大学出版部で、けっして大手の出版社とはいえなかったのだから。

そんなところへ「諸君！」から執筆依頼が舞い込んだのである。

「諸君！」は、当時の文藝春秋社長・池島信平が「少数部でもいいから、いいたいことをいう〝主張する雑誌〟をつくろう」と、満を持して刊行したオピニオン誌であった。創刊は六九年五月（七月号）。主な執筆メンバーは、小林秀雄、竹山道雄、田中美知太郎、福田《ふくだ》恆存《つねあり》、林健太郎……と、錚々《そうそう》たる顔ぶれだった。そんなオピニオン誌からの執筆依頼だったから「非常に嬉しかった」のは当然だった。

元文藝春秋社長・安藤満（当時は「諸君！」編集長）は前記「追悼『知の巨人』渡部昇一」で、当時をこう振り返っている。

オピニオン雑誌『諸君！』をまかされて、新しい論客を求めていた頃だった。おもしろいことをいう人がいると噂を聞いて、早速出かけて行ったのが、渡部さんと深くお付き合いするはじまりだった。

杉並の五日市街道から筋を一本入った、関東バスの営業・整備所を過ぎた先の一軒家だった。静かな佇《たたず》まいだったが、本がいっぱいあるのが、いかにも学究の士の住まいをしのばせた。（中略）

一般雑誌の編集者が訪ねて行くのは珍しかったのだろうか、はじめはやや戸惑ったご様子だったが、話し込むうちにすぐ打ち解けてこられた。

話は一般常識から遠く離れたところにあった。だがよく聞いていると、こちらの方が常識で、巷《ちまた》の方が非常識であることが明確になってくる。（中略）偶々《たまたま》、大きな存在に会い、「こんな所にこんな立派な花がある。新種だ！」と勝手に喜び勇んだのだから、今思えば恥ずかしい限りではある。（五〇〜五一ページ）

すでにふれたように、七〇年代をリードしていたのは朝日新聞や岩波書店、NHKなどのリベラル左派の論調であった。「反権力」という立場からする時の政権批判、そして空想的平和主義の蔓延《まんえん》……。考えてみれば、戦後の文化人は「民主主義」と聞けばそれに唱和し、「安保反対」の波が広がればそれに呼応し、「文化大革命」といわれればそれに喝采する、ただそれだけのことだったのではないか。それだけに、そんな畸形《きけい》な「巷の常識」を疑いつづけた渡部の論考は心ある人びとから拍手をもって迎え入れられることになったのだ。上記「文科の時代」を機にして「諸君！」からは執筆依頼が舞い込みつづけた。一連の論考のタイトルと掲載号を記せば次のとおり。

・「文科の時代」　七三年七月号
・「新聞の向上？」　同年十一月号
・「天皇について」　七四年二月号

・「労働について」　同年四月号
・「命令と服従」　同年五月号
・「日本語について」　同年八月号
・「オカルトについて」　同年十一月号

ほぼ隔月で執筆しているのがわかる。「諸君！」に初登場するや、たちまち売れっ子となったのである。そして、翌七四年に『文科の時代』が一本にまとめられると、やがて山本七平や谷沢永一、佐伯彰一、西尾幹二……などと並んで「諸君！」の常連執筆者となった。先に名を挙げた田中美知太郎や福田恆存らを第一期のスターティング・メンバーとすれば、山本七平や渡部昇一、西尾幹二らは第二期のスタ・メンといってよかった。

さらに七五年、「諸君！」に発表された論考を中心に『腐敗の時代』がまとめられると、これによって第二十四回「日本エッセイスト・クラブ賞」を受賞している。アッという間に論壇の寵児となったのである。

谷沢永一との「読書連弾」

谷沢永一との対談『読書連弾』（大修館書店）を刊行したのは七九年（昭和五十四年）のことであった。論壇デビュー後、間もなくしてのことである。これを皮切りに、谷沢・渡部コンビの対談本は『読書有朋』（大修館書店）、前記『誰が国賊か〜今、「エリートの罪」を裁くとき』、『人生は論語に窮まる』（PHP研究所）、『三国志〜人間通になるための極意書に学ぶ』（致知出版社）……と、枚挙にいとまがない。三十点以上にのぼるはずだ。渡部自身、《これほど対談で本を作った二人の人間というのは日本でも外国でも例がないのではないか》（『読書談義』、四ページ）と、驚いている。

そもそものきっかけは、谷沢が『日本史から見た日本人』に感心したことであった。そこで、それまでに刊行されている渡部の著書をすべて読んでみようと思い立つ。ところが、奥付にある「著者紹介」には書名が列挙されているだけで、出版社名が見当たらない。書誌学者としてのいつもの流儀から、上智大学気付で渡部宛てに往復はがきを送り、「コレコレのご著書の発行所名をご教示いただきたい」と依頼したところ、ただちに鄭重にして簡潔な返信が届いたという。

それから五、六年して大修館の編集部が企画したのが対談『読書連弾』であった。《国文学の書誌研究にかけては鬼の名のある谷沢氏と対話して、それを本にしたらという企画を（中略）持ち込まれた時、ありがたいことを言ってくれる人もあるものだと感激して引き受けた》（同書一八ページ）と回顧している。

一方の谷沢はふたりの出会いについて、こう記している。

渡部昇一さんとの初対面は昭和五十四年である。ふたりとも既に五十歳をこえていた。通常、この年齢からの出会いが、心の友にまで発展することはむつかしいとされている。しかしわれわれの場合には奇跡がおこった。（中略）いざ対談をはじめたそもそもの口切りから、私は志と嗜好を同じうする人に、今やめぐりあえたという喜びがこみあげてきた。

（四二五ページ）

渡部は谷沢よりもひとつ年下のため、このときはまだ四十九歳。五十歳には達していなかったが、谷沢が指摘するとおり、五十歳台からの篤《あつ》い親交というのはたしかに稀有《けう》のことであろう。しかし、同世代、本好き、鋭い批評眼、そして憂国の志……と、嗜好《しこう》を同じくするふたりは初対面で意気投合した。

初めての対談の冒頭を少し読んでみよう。

渡部　谷沢さんが『中央公論』（79年4月号）に沢田謙の『プルターク英雄伝』についてお書きになっているのを読んで、私もとてもなつかしい気がして、「そうだそうだ」と小膝を叩いたんですけれども、若い頃ああいうものをお読みになったんですか。

谷沢　ええ、ぼくが自分で一念発起して、この本を買いたいと新刊目録を見て注文したのがあの本と、それから野村愛正《のむらあいせい》の『三国志物語』でした。

渡部　そうなんですよ。ぼくも『三国志物語』のことを言おうと思ってここにメモを書いてきました。あれは特別おもしろかったです。

谷沢　そうなんです。同じ著者でも、あれ以外の著作とはちょっと違いまして、乗り移ってるという印象でした。読書のおもしろさと、人間、世の中のおもしろさと、全部セットにして教えてくれるというういい本だったですね。

渡部　まさに同感です。……

（一二三ページ）

九〇年あたりからはＰＨＰ研究所が主催する勉強会で月に一度顔を合わせるようになる。勉強会を終え、夕食をともしたあとは赤坂のカラオケ・スナックに向かい、夜中まで〝歌合戦〟というのが定番だった。この愉しみは、二〇一一年に谷沢が亡くなるまでつづいた。

わたしはしばしば、研究会の翌日、関西在住の谷沢が定宿にしていた「ホテル・オークラ」を訪れた。上京中であれば、電話で話したり、大阪を訪れたりしないでも直接、企画の相談をすることができたからだ。昼間のロビーでお茶を飲んだり、ときには軽食をとったりしながら、谷沢の若いころからの大親友・作家の開高健にまつわる話を聞いたり、『「名著」の解読学』や

『「人間学」の勘どころ』となる企画の話を進めたりしたものである。

○

渡部・谷沢コンビについて、余談を記しておく。

九〇年代後半の数年間、社長・徳間康快《とくまやすよし》の肝煎《きもい》りで、年に一度、両氏を向島の料亭「波むら」に招いた時期があった。日ごろの編集協力への慰労、といったほどの意味であった。徳間康快同席のもと、現・李白社社長の岩崎旭とわたしが接待役を務め、都合五人で、「木遣《きや》りくずし」や「梅は咲いたか」「東雲節《しののめぶし》」……など、踊りや小唄、端唄《はうた》を愉しんだ。

そんな席では辛口の谷沢も博学の渡部もむずかしい話はいっさい口にしない。とりわけ渡部はいつも愉快そうな顔を見せていた。すっかりくつろいで、芸者衆との座談も盛り上がった。

――「このごろの若い芸妓さんというのは満足に踊りも踊れないと聞いておりましたが、いや、どうしてどうして。さっきの『越後獅子』なんか、じつにおみごとでしたナ」と芸者を褒めると、隣りで谷沢が好々爺《こうこうや》然とした表情でニコニコ笑いながら、ふたりのやりとりを聞いていた。

宴席がひととおり終わり、社長の徳間が引きあげると、今度は四人で料亭内にあるカラオケ・ルームに移動して芸者衆もまじえての〝カラオケ大会〟になった。そんなとき歌うのは、渡部が「芸者ワルツ」のような戦前・戦後の明るくテンポのいい流行歌、谷沢は「昭和枯れすすき」系統のちょっとシブい曲であった。

〝渡部本〟の魅力はセレンディピティにあり

閑話休題。

わたしは先に、渡部昇一は「互いにかけ離れた二項をスパークさせ、意想外の論を展開する閃き（セレンディピティ）に富んでいた」と評したが、それこそがかれを売れっ子に押し上げた秘密であったと考えている。

ここから少々、私事にわたることになるが、わたしが「渡部昇一」という名に初めて注目したのは、「諸君！」の七八年七月号に載った「古事記・宣長・小林秀雄」という論考であった。七七年十月、新潮社から小林秀雄の分厚い『本居宣長』が出版されると、わたしは飛びつくようにして読みはじめた。雑誌「新潮」の「本居宣長」の連載は六五年（昭和四十年）からなんと十一年間もつづいたため、世の読書子は「早く一冊にまとまらないか」と心待ちしていたが、わたしも例外ではなかった。ところが、待望の『本居宣長』を読み進めていくうちに小林がいったいなにを書こうとしているのか、さっぱりわからず、霧のなかで手探りをするような思いに捉われた。六〇〇ページを超える批評なのに章分けもなく、小見出しもない。ただ淡々と「一」「二」「三」……と数字をふられた章が「五十」までつづくだけだから、途中で迷子になったような思いがしたものである。

そこで、いったん読むのをやめ、もう一度、最初から読みはじめた。今度は「一」の下に「異常な葬送／桜への偏愛」、「二」の下に「桜と生きる／死ねば夜見《よみ》」、「三」の下に「実生活をおろそかにするな」……などと、中身の目印となるような事項をメモしていった。大学時代のゼミナール論文のテーマが「江戸時代の経済思想史」であったから、中江藤樹や荻生徂徠《おぎゆうそらい》、宣長といった江戸期の儒者や国学の人たちの文章はまったく初めてというわけではなかった。ところが、またしても道に迷ってしまったのである。小林はいったいどこをめざして、なにを書こうとしているのか……？？？

『本居宣長』は小林秀雄の久々の大著にして話題作であったから、雑誌や新聞には多くの書評が載った。目につくかぎり、それらを読んでみたものの、やっぱりどうもすっきりしない。宣長の「もののあはれ」論や『古事記伝』の実証的評釈に焦点を合わせた、わかったようなわからないような……いまひとつピンとこないものがほとんどだった。

そのとき出遭ったのが「古事記・宣長・小林秀雄」であった。

○

この論考はサブタイトルに「オカルテズムの系譜として」とあるように、なんと本居宣長―小林秀雄というつながりをオカルティズムで読み解いていた（！）のである。

煩瑣にわたるのを避け、論考の骨格だけを追っておく。

「凡《スベ》て神代の伝説《ツタヘゴト》は、みな実事《マコトノコト》にて、その然有《シカア》る理《コトハリ》は、さらに人の智《サトリ》のよく知ルべきかぎりに非《アラザ》れば、然《サ》るさかしら心を以て思ふべきに非ず」

と宣長は『古事記伝』において断言した。つまり『古事記』に書いてあることは全部本当のことだが、人知ではなぜそうなのかは知ることができないから、「さかしら心」をもってあれこれ推論してはいけない、(中略)小林秀雄の宣長論が類を絶しているのは、この宣長のメッセージを現代の批評の言葉で、そこなうことなく伝えようとしたその姿勢にある。

(『新常識主義のすすめ』八八ページ)

砕いていえば――宣長は『古事記』に記されていることをすべて真実と受け取り、そして長大なる『古事記伝』を著したが、小林はそうした宣長の心眼を信じたということである。「古事記・宣長・小林秀雄」という論考はふたりの関係をそう捉えた。したがって、次のような一節がある。

「神代の神は、今こそ目には見え給はね、その代《よ》には目に見えたる物なり」

と宣長は断言する。これはすでにして怪力乱神を語るどころか、積極的に肯定しているのだから、漢学者の啓蒙された思考とは相容れないことは明らかである。

「この〔言霊《ことだま》〕の働きも亦《また》、空や山や海の、遙か見知らぬ彼方から、彼等〔古代日本人〕の許《もと》に、やつて来たと考へる他はないのであつた」（同書九五ページ）

と小林秀雄は解説する。

じっさい、宣長は「高天原《タカマノハラ》は虚空《ソラ》の上にあるから、そう呼ぶのであって、高千穂など、地上に現存する場所ではない」という趣旨のことを書いている（岩波文庫『古事記伝』一、一七〇ページ参照）。そういうことを信じられないのは漢意《からごころ》に侵されているからだと批判した。――仮に神代には人がいたが、いまは絶滅してしまったというばあい、「人というものには頭があって、そこには目がふたつ、鼻と口がひとつずつ、頭の両側には耳があって、足というもので前に進む……」と、いくら説明されても信じられないようなものであると書いている（岩波文庫『玉勝間』上、一八三ページ参照）。だが、《世ノ中にあらゆる事、なに物かはあやしからざる、いひもてゆけば、あやしからぬはなきぞとよ》（同書一八四ページ）というのが宣長の思想であった。

ではなぜ、宣長は神代のことについて、そのように断言できたのか？「古事記・宣長・小林秀雄」で、渡部はこう記している。――宣長は『古事記』に語られる上古の世界を《実事《マコトノコト》と見ることができる霊視力《クレアヴオイヤンス》（claivoyance）》（『新常識主義のすすめ』八九ページ）を有していたからだ、と。そして、小林もまたそうみていたに相違ないというのである。

例として挙げられるのは、次々と高天原に生まれてくる神々についての『古事記』の記述だ。「次に何の神、その次に何の神……」と記されているが、宣長は、それは父から子へという縦の意味ではなく、みな同時に次から次へと……という横の意味だと断言した。

この宣長の主張を支持する根拠が『古事記』の中にあるわけではない。ただ宣長にはそう見えてきたのである。つまり「想像力による認識」なのだ。これを小林秀雄は「……〈天地ノ初発《ハジメ》の時〉と題する一幅の絵でも見るやうに、物語の姿が、一挙に直知出来るやうに語られてゐる」と説明しているが、これはまことに適切な解釈である。というのは時間的生起を縦の連続として見ず、横の連続、つまり「一幅の絵」のように見えるというのは、オカルト省察の出発点なのであるから。（中略）

このように見てくると、（中略）宣長に対する評論も、通常のアカデミズムの学者の論文をいくら積み上げても十分なしうるものでなく、小林秀雄という個人の特殊な資質を必要としたのである。

（同書九四～九七ページ。傍点松崎）

宣長の霊視力《クレアヴォイヤンス》に感応した小林秀雄は、宣長と同種の人だったというのである。
考えてみれば、小林は「亡き母が螢となって飛んでいた」といったり、酔って水道橋駅のプラットフォームから下の道路へ落ちたとき「かすり傷ひとつしなかったのはおっ母さんが守ってくれたからだ」という趣旨のことを書いたりする批評家であった（新潮社刊「小林秀雄全作品」別巻1、『感想』上、一二～一五ページ参照）。

渡部は、宣長と小林の霊視力《クレアヴオイヤンス》が通底していることを見抜いたのである。それはもう、閃き（セレンディピティ）としかいいようがない。そう閃いたからこそ、近代的知性の代表者とみられてきた小林秀雄の『本居宣長』にオカルティズムという意外な光線を当て、宣長が『古事記』から読み取った古代人の「言《コトバ》」と「事《コト》」と「情《ココロ》」を現代に甦らせ、また伝えたいという小林の狙いをみごとに射当てたのだ。

それ以降、わたしは雑誌で「渡部昇一」という名を目にすると、注意してその論考を読むようになった。

「霊魂」について

ひと言付け加えておけば、渡部の人間観においても「奇蹟」「霊魂の不滅」「死後の生」……といったスピリチュアルな要素（オカルティズム）は大きな比重を占めている。そのことは、パスカルの「火の夜」や姪マルグリットの聖荊の奇蹟への言及からも、さらには『人は老いて死に、肉体は亡びても、魂は存在するのか？』（海竜社）の《スピリチュアルという言葉は、（中略）

本来「霊的な」とか「神聖な」という意味の言葉ですが、霊魂の不滅や死後の世界の存在などとかかわる、非常に崇高な言葉なのです》（一三一ページ）という説明からも知れよう。

かれの座右の書『人間〜この未知なるもの』の著者アレキシス・カレルには『ルルドへの旅・祈り』（春秋社、中村弓子訳）という著書がある。これは、難病を治すことで世界的に知られているルルドの泉（フランス西部）を科学的に調査する目的で、医師カレルがそこへ向かう巡礼団に同行したときの記録である（一九〇二年）。

そのとき、かれはルルドの泉の奇蹟を信じていたわけではなかった。それゆえ、「心因性の病気ならひょっとしたら治るかもしれないけれど、器質的疾患は治るはずがない」と考えていた。

ところが、かれの診ていた結核性腹膜炎で危篤状態にあったマリー・フェランという娘がルルドの霊水を受けてしばらくすると……かれの見ている前で、完全に治ってしまったのである！《マリー・フェランは俗な言葉で言う、「奇蹟の人《ミラキュレ》」であった。昼は死にかけていたのに、夕方の七時には健康な娘というのは、異常な現象であって、群衆の熱狂を十分正当化するものだった》（七六ページ。「奇跡」を「奇蹟」に統一した）。そこで、のちにノーベル生理学・医学賞を受賞することになる医師カレルも「奇蹟ならば、その原因は何なのか？」と自問するほかなかったほどだ。

このルルドの奇蹟は上記『人は老いて死に、肉体は亡びても、魂は存在するのか?』の第五章でもふれられている。渡部は「奇蹟」や「不滅の霊魂」「死後の生」を信じていたのである。『実践 快老生活』（PHP新書）でも次のように書いている。

> オカルトとはつまり、科学では説明のできない超自然現象、神秘現象のことである。オカルトの世界がないと思えば、宗教の世界もなくなる。
>
> 私は、オカルトの世界はあると考えている。（二一二ページ）

したがって、渡部の全人像を捉えようとしたら、本来はこの問題を詳しく論じるべきなのだが、わたし自身、「奇蹟」はまだしも、「霊魂」や「死後の生」はとても信じることができないため、渡部昇一の人間観の底にはスピリチュアリズムがあったのであるという指摘をくりかえすにとどめざるをえない。

下手な小説よりおもしろい『イギリス国学史』

閃き（セレンディピティ）の例をもうひとつ挙げておけば、九〇年（平成二年）に刊行された『イギリス国学史』（研究社出版）がある。

『英文法史』（研究社）や「英語学大系」第13巻の『英語学史』（大修館書店）といった専門書はわたしには荷が重いので敬遠してきたが、『イギリス国学史』は本文と脚注がほぼ同分量という専門書にもかかわらず手にとってみた。タイトルを目にしたとき、「？？？」と思ったからだ。

イギリス国学史？　イギリスに国学なんてあったっけ？

「国学」といえば、僧・契沖《けいちゅう》にはじまり、荷田春満《かだのあずままろ》、真淵、宣長へと流れる江戸期の復古学である。それがイギリスにもあったとは初耳であり、それゆえ、じつに奇異な感じを抱いたのだ。

だが、本書を読み進めていくうち、わたしはじょじょに説得されていった。「イギリス」と「国学」というきわめて異質なふたつの要素をショートさせ、じつに興味深い読み物となっていたからだ。これもセレンディピティのなせる業であった。

あまり読まれることがないようだが、読み進めると啓発されることの多い本なので、簡単にアウトラインを押さえておこう。「まえがき」は、こんな言葉ではじまる。

本書はイギリスにおいて、どのようにしてイギリス自体とその言語に関する研究が起こり、そして発展するに至ったかの経緯をのべたものである。イギリス人によるイギリスの歴史と国語の再発見の過程は、「国学」という概念を導入することによってよりよく理解されるように思う。

（ｖページ）

真淵が『万葉集』の言葉から古代人の心を探り、宣長が『古事記』の言葉から神代の世界を甦らせたように、ほぼ同時期のイギリスでも古英語（オールド・イングリッシュ）を通して自国の歴史や文化を再発見する動きがあったというのだ。

イギリスに「国学」が生まれるいきさつは次のように説明される。——中世末期から近世初めごろまでのイギリスの学問はすべてラテン語で、しかもカトリックの総本山であるローマ教皇庁の影響力を強く受けていた。ところが、ヘンリー八世がみずからの離婚問題をきっかけにローマ教皇と対立した。その結果、教皇庁と手を切ってイギリス国教会（アングリカン教会）を設立することになる。一五三四年のことだから、日本でいえばちょうど織田信長が生まれた年であった。

この宗教改革で、イギリス各地にあった約千二百のカトリックの修道院は次々に壊され、収蔵されていた古写本や古典籍もどんどん失われていった。当然、放り出された古書や古写本、古記録を救おうという動きが起こる。その背景には、貴重な古書にたいする愛着以外に、大きくいってふたつの動機があった。

(1)イギリス国教会を確立するためには、カトリックやピューリタンとは異なるイギリス古来のキリスト教を再発見しなければならなかった。そのためには、一〇六六年の「ノーマン・コンクエスト」以前のイギリスのキリスト教の姿を探る必要があった。

(2)ヘンリー八世のチューダー朝の正統性（レジティマシー）を明らかにする必要もあった。というのも、ヘンリー八世の家系は元来がウェールズの一郷士にすぎず、その《起源は甚だいかがわしいと言ってよいもの》（三七ページ）だったからである。

ランカスター朝のヘンリー五世が世を去ると、その未亡人（キャサリン・オブ・ヴァロワ）の愛人となった男がいる。それがウェールズの郷士オウエン・チューダーであった。ヘンリー五世の後を継いだヘンリー六世からすれば、のちのヘンリー七世など、「朕《ちん》の父の亡き後、わが母がオウエン・チューダーと密通してできた子供の、そのまた子供にすぎない」ということになる。本来であれば王位に就くことなどとても叶わぬ存在だった。ところが、フランスとの百年戦争に敗れたあと、ヘンリー六世のランカスター家とヨーク家とのあいだに「薔薇戦争」が勃発、その混乱を治めたのがのちのヘンリー七世だったため、かれに王座がころがり込むことになったのだ。

かくして、チューダー朝が開かれることになったわけだが、ヘンリー七世の子である八世とすれば、ここはどうしてもみずからの王朝の正統性を示さなければならなかった。

以上のふたつの理由から、イギリスでは「ノーマン・コンクエスト」以前の宗教や法制、文化や慣習などを再発見しようという動きが活発化した。そのためには古い言葉（オールド・イングリッシュ）を知らなければならない。いわば、必要に迫られての「復古学」の誕生であった。

こうした動きをみて、渡部昇一の閃き（セレンディピティ）は「イギリスの国学」という仮説を打ち立てたのである。もちろん、イギリス人が「国学」（たとえばThe National Studies）という言葉を使ったわけではない。しかし、実際には「国学」と呼んでさしつかえないような研究がイギリスの地でスタートした、とみたのである。

「まえがき」では、日本の国学と「イギリス国学」の類似点を以下のように整理している。まずは、日本の国学――。

(1)戦乱の時代【戦国時代―松崎注】が終って、古い文献についての関心が17世紀末に起こってきた。
(2)仏教や儒教とは別に、日本古来の宗教があるのではないかという自覚が強くなった。
(3)このことは神話も含めての国史への新しい関心を呼んだ。
(4)その研究の手段として古語研究そのものへの必要が感じられるようになる。

（viページ）

他方、「イギリスの国学」は――、

(1)宗教改革によって起こった混乱によって大量の文献が失われ、これによってかえって古い文献に対する愛情が16世紀半ば頃から起こりはじめた。
(2)カトリックやピューリタンとは違う、イギリス古来のキリスト教を再発見しようという動きが生じた（国教会創設）。
(3)日本の皇室の起源を天孫降臨の神勅に見ようとしたように、Tudor王朝はBrutus神話【Brutusとは、伝説のトロイ人の漂流者ブルータスをさす—松崎注】にもとづくArthur王史観を持ち出して、王朝の正統性をそこに見出そうとした。
(4)これらの論争の勝敗は文献学的知識により決せられるところが多く、古英語（ＯＥ）の研究への必要性がはじめて認識されるようになった。（同ページ）

なるほど、動機といい手法といい、両国の「国学」はかなりの共通点をもっているようにみえる。

○

本書にはふたりの主人公が登場する。

「イギリス国学の祖」ともいわれるジョン・リーランドと、かれを援助したイギリス国教会のカンタベリー大主教マシュー・パーカーである（ともに、日本語で書かれた英文学史にはほとんど登場することがないという）。

宗教改革による修道院大破壊を見て、本を救い出そうということを決心し、その仕事をはじめた最初の人物がJohn Leland（１５０６？～52）であったとすれば、そういう仕事に対する最初のpatronとして保護や援助を与え、イギリス国学の研究を促進したのは、（中略）Matthew Parker（１５０４～75）である。

（一四四ページ）

リーランドはイギリス国内を隈なく踏破し、宗教改革によって修道院から放出された古書や古写本を蒐集した。そして、そうした古い文献にもとづいて「チューダー家は、ブリテン島に攻め込んできたサクソン人を撃退したとされる英雄アーサー王を先祖としている。それゆえ、ヘンリー七世／八世はブリテン島全体の王となる資格が十分にある」と証明するような本を著している。しかも、かれの流れにある「国学者」たちは、アーサー王の祖としてトロイ滅亡後の漂流者ブルータスを措定し、ディアナの神がかれに「ブリテンの島へ行き、そこを治めよ」と命じた古文献があるとした。アマテラスが孫のニニギノミコトに向かって「地上に降りて、その国を治めよ」と命じた天孫降臨《てんそんこうりん》とウリふたつではないか。これはまさにイギリスの〝皇国史観〟である。

一方の大主教パーカーはリーランド以下の「国学者」たちのパトロン役を務めるとともに、みずからの問題も解決していった。かれ自身、カトリックでは禁じられていた結婚をしていたため、聖職者でも結婚が可能であることを裏付ける必要に迫られていたのだ。そこで、「ノーマン・コンクエスト」以前の古英語で書かれた古書を調べ上げ、かつてのイギリスでは司祭も結婚していたことを証明したのである。

ＯＥ【オールド・イングリッシュ─松崎注】文献によって、Parkerは次のことを主張したかったのである

⑴Norman Conquest（１０６６年）以前のイギリス、つまりＯＥ時代のイギリスは多くの聖人を輩出した素晴らしい時代であり、イギリスの教会【国教会─松崎注】はこの正統的後継者であるべきである。

⑵その時代には司祭の妻帯が許されていた。

⑶その時代、ミサにおける聖変化（transubstantiation）が信じられていた。

（一八六ページ）

⑶に出てくる「ミサにおける聖変化」とは、ミサによってパンがイエスの肉体に、葡萄酒がイエスの血に変化する現象である。古英語の時代の人びとはそれを目撃し、信じていたという。

この大主教パーカーの著した*Antiquitates Britannicæ*（『イギリス古代教会史』）は、十六世紀にイギリス人がイギリス研究をしはじめたころの先駆的な著書のひとつとして高く評価されているという。

○

本書『イギリス国学史』は目新しいエピソードやこれまでまったく知らなかったような事柄がふんだんに盛り込まれているから、読んでいて飽きることがない。ふたりの主人公リーランドとパーカーを取り巻く「国学者」たちの群像も生きいきと描かれていて、ちょっとした小説を読む趣きもある。「イギリス」と「国学」の〝不意の出会い〟はみごとな完成度を示している。

しかも、これがたんなる閃き（セレンディピティ）ではなく、学問的にも十二分に意義ある業績であったことは刊行三年後の九三年（平成五年）に「イギリス国学協会」が組織されているところからも明らかだろう。協会が発足すると、渡部はその会長に推されている。

第七章　論争の歴史

いまこそ参照すべき「英語教育大論争」

周知のように、渡部は数々の論争を展開し、世の注目を集めてきた。主だったものを挙げれば、つぎのとおり。

・七五年（昭和五十年）　前年に自民党参議院議員・平泉渉が提案した「英語教育改革」試案をめぐって論争。両者の応酬は世間の耳目を集めた。

・同年　国語学者・大野晋《おおのすすむ》が「神《かみ》は上にあらず」としたことに疑問を抱き、反論する。

・八一〜八二年（昭和五十六〜五十七年）　朝日新聞記者・本多勝一が渡部訳のアレキシス・カレル『人間〜この未知なるもの』には誤訳があると因縁をつけてきたため、これに反論。

・八四年（昭和五十九年）　元首相・田中角栄が有罪となった裁判で、角栄サイドに反対尋問が認められなかったことに疑問を抱き、「角栄裁判」批判の論考を発表。それがきっかけとなり、ジャーナリスト・立花隆と「角栄裁判」をめぐる論争に発展。

・八五年（昭和六十年）　前年に刊行された田中正明『〝南京虐殺〟の虚構〜松井大将の日記をめぐって』（日本教文社）を読み、前々から抱いていた「虐殺などなかった」ことを確信。「南京事件否定論」を展開するようになり、藤原彰など左派の論客や「中間派」の歴史家・秦郁彦らと論戦がつづいた。

・八九年（平成元年）　秦郁彦が『ドイツ参謀本部』を「剽窃《ひょうせつ》の書」と断定、その一文を『昭和史の謎を追う』上巻（文藝春秋）にも収録したため、九七年の新版（クレスト社）巻末で徹底的に反論した。

・九九年（平成十一年）『ハイエク〜マルクス主義を殺した哲人』を批判した小樽商科大学商学部経済学科助教授（当時）江頭進《えがしらすすむ》に反論。そこに翻訳者の西山千明も参入してきた。

・二〇一〇年（平成二十二年）　漫画家・小林よしのりと「女系天皇」の是非をめぐって論争。

・一二年（平成二十四年）　同上・小林よしのりと「低線量の放射線は体によい」という「ホルミシス効果」をめぐり論争する。

相手から斬りつけられたケースもあれば、こちらから異を唱えたばあいもあるが、保守派の論客と目されていたから、いったいに左派から狙い撃ちされることが多かった。

以下、現在でも参照するに値する論争に絞って要点を整理しておくが、その前にひと言記しておきたいのは、激しいラリーの応酬がおこなわれる論争を短いスペースのなかで復元するのはそう簡単ではないということだ。双方の言い分を公平に要約・整理するのはさらにむずかしい。公平に、公正に……と、みずから言い聞かせていても、ついどちらかに加担してしまう惧れがあるからだ。そこで、いずれかの論争に興味をもたれた方は、どうか原典に当たっていただきたい。出典やページ数を明記してあるから容易に追跡できるはずである。

○

七四年（昭和四十九年）四月、自民党参議院議員・平泉渉は党の政務調査会に「外国語教育の現状と改革の方向」と題する試案を提出した。「英語教育の成果がみられない以上、英語は義務教育や入学試験から外すべきである」という思い切った提言であった。

「英語教育無用論」を展開したからといって、平泉は粗野な陣笠代議士ではない。皇国史観の歴史家として知られた東京帝国大学教授・平泉澄《ひらいずみきよし》の三男である。渡部とはほぼ同世代で、東大法学部を卒業後、外務省に入省。パリにある日本大使館に勤務していたとき、「鹿島建設中興の祖」と称される鹿島守之助のガイド役を務めて資質を見込まれ、守之助の三女と結婚している。その後、政界に打って出て、科学技術庁長官、経済企画庁長官を歴任……という華やかなキャリアの持ち主である。英語もフランス語もペラペラだった。そんな平泉が「英語教育は必要ナシ」という提言をしたのである。

それにたいして、渡部が「諸君！」七五年四月号に発表したのが「亡国の『英語教育改革試案』」であった。「文法を中心とした英語教育は知的訓練という点からみても重要であり、英語の義務教育化は当然だ」という趣旨の反論だった。

ふたりの論争はその後も「諸君！」誌上で応酬がつづき、当時は大いに話題を呼んだものである。

いや、いまもなお注目されてよい論争だ。というのも、周知のとおり、英語教育や英会話は目下の熱い論点だからである。

二〇二〇年からは小学三〜四年生の「外国語活動」が開始され、五〜六年生で「英語」の授業がはじまる。間もなく「早期英語教育」がスタートするわけであるが、これにかんしては父兄のあいだでも、識者のあいだでも賛否が分かれている。

また、「楽天」や「ユニクロ」の英語の社内公用語化はすでに数年が経過しているが、社員のあいだでは困惑がつづくばかり……という声が聞こえてくる。それにもかかわらず、「ソフトバンク」ではTOEIC《トーイック》で高得点をとった社員に報奨金を支給したり、「シャープ」も将来的には英語を社内公用語にすると宣言したりしている。

英語教育や英会話はこれからいったいどうあるべきかを考えるうえでも、この平泉vs.渡部の「英語教育論争」は大いに参考になるはずだ。

論争の口火を切ることになった平泉試案は以下のように要約することができる。

〇

・現在（七四年当時）は、日本の青少年のほぼ全員が中学・高校の六年間、毎週数時間の英語の授業を受けている。ところが、その成果はまったく上がっていない。

・理由の第一は、日本の社会は英語ができなくても困ることがないし、英語は受験のための〝必要悪〟にすぎないから、学習意欲が湧かないこと。

・第二の理由は、受験英語のレベルが高すぎるため、学習意欲がかえって殺《そ》がれること。

・第三は、教授法がなっていないこと。

・英語は社会科や理科のように生活に必要な知識を教えるものでもなければ、数学のような知的訓練になるものでもない。それは膨大な時間を使っておこなわれる暗記にすぎない。そんな英語を義務教育の対象とすることには本来的に無理がある。

・よって、義務教育では現在の中学一年修了程度までの英語を教えるにとどめるべきである。

・高校では真に志望する者にだけ英語を教え、大学入試からは英語を外す。ただし、高校で英語を志望した生徒には毎日二時間以上の授業をほどこし、毎年一か月、完全集中訓練をおこない、国民の約五パーセント（六〇〇万人）が英語の実用能力を有するようにすればよい。

これにたいする渡部の感想は――《一読したとき、平泉試案の明快さと迫力に圧倒される思いがした》（文春文庫『英語教育大論争』二二ページ）としながらも、《始めから終りまで間違っているこの試案が、どうしてこのように明快であり、しかも迫力を持ちうるのかということを不思議に思って首をひねったものである》（同ページ）と、記している。そして以下のような反論を展開した。

――日本における外国語教育はいつはじまったか？　詳しいことはわからないが、聖徳太子をもって嚆矢《こうし》とするとみていいだろう。聖徳太子は推古天皇の三年（五九九年）、高麗から入った漢訳仏典を読み、かつ注釈した。ここからも知れるように、《日本人の外国語に対する関心は、（中略）「原典を正確に読む」ということに向けられていた》（二九ページ）のである。じっさい、江戸時代の儒者たちの四書五経（四書は「大学」「中庸」「論語」「孟子」／五経は「詩経」「書経」「礼記《らいき》」「易経」「春秋」）にかんする本文批判《テキスト・クリティーク》のレベルは清朝の学者よりはるかに高かったといわれている。くりかえせば、原典を正確に読むこと、それが《日本における外国語学習の根本的な型》（三一ページ）であり、それを忘れてはならないと強調した。

日本は戦前においてシェイクスピア全集の訳を持ち、ゲーテ全集の訳を持っていた。カントやヘーゲルやボードレールやシラーやカーライルやエマソンなどの主要著作の翻訳を持っていた。そうした文科系のものだけでなく、軍事・工学・自然科学の主要なものは多く訳されたり、原文で正確に読まれていた。さればこそ日本人は白人しか享受できないと信じられていた近代西欧文化をその総体において消化したのである。（中略）これを可能にした戦前の語学教育を「実際における活用の域に達しなかった」などと言ってはバチが当るのではないか。（二三ページ）

反論は、ここから英文和訳、和文英訳、英文法に移る。それらの勉強は《日本人に母国語と格闘することを教えた》（三五ページ。傍点原文）といって、「象は鼻が長い」という有名な文章を挙げている。この文章を《英語になおすときに、どれだけの知的格闘を経なければならないことか》（三六ページ）といって。

解答は記されていないが、それはこういう意味である。――「象は鼻が長い」といえば子供でも意味はわかる。ところがこれを英語に訳すとなると、話はそう簡単ではない。日本語で主語につく格助詞は「は」と「が」であるが、この文章にはなんとそれがふたつもある。だからといって、「エレファント・イズ・ノーズ・イズ……」と訳すわけにはいかない。さあ、どうする？

英語では、Speaking of a trunk, elephant has a long one.とでもいえばいい。そう英訳すれば、「は」と「が」がかならずしも主語につく格助詞ではないという日本語の特徴までわかってくる。

「鼻が」の「が」は主語に付く格助詞ではなく、文の主題を引き出す言葉だったのである。だから、たとえ英会話ができなくても、it～that構文などを確実に理解している高校生なら、アメリカに行けば会話はすぐに上達するという指摘もなされる。

> もちろん発音を正しくするのは大いに結構だ。しかしそれは文法不要とか、訳読不要とか、あるいはその軽視に絶対連なってはならないのである。つまり学校における英語教育はその運用能力の顕在量ではかってはならず、潜在力ではからなければならないということである。
>
> （三九ページ。傍点原文）

反論の根底には、日本の伝統的な英語教育は青少年の潜在的な知力を高めてきたという見方があった。たとえ多くの日本人が英語をペラペラしゃべれなくても、その一点をもってして「わが国の英語教育の成果はまったく上がっていない」と断罪するのはまちがいである。当然、「英語は受験のための必要悪」と指弾するのも誤りだ、ということになる。大学教授としてのみずからの体験からしても、受験英語の成績は《他学科の能力との相関性がズバ抜けて高い》（四六ページ）。英語の得点の高い受験生は他の科目の点数も高いという傾向が顕著にみられるというのだ。これを敷衍すれば、大学受験の試験科目から英語を外したとき、受験生を選抜する基準がきわめて薄弱になってしまうであろう。

「英語教育は国民の約五パーセントに」という平泉試案も「亡国の案」として斬って捨てた。

大抵の生徒は自分もこの五パーセントにはいりたがるであろう。すると当然選択が行われる。すると親も子も必死になるであろう。そしてその五パーセントの中に加わるための英語の試験が行われると、中学生の優秀なものは、今よりも英語ばっかりやることになるであろう。かくして全義務教育の構造はひっくりかえるであろう。

（四八ページ）

おまけに、選抜された五パーセントの生徒たちに毎日二時間以上の英語の授業をほどこしたら、かれらは他の学科をやる余裕がなくなってしまうはずだという。それは、上智大学の学生時代、毎週八時間から十時間、英語の授業を受けた経験からしても絶対の真実であるとした。高校生がそんなことをしたら多方面に向かうべき才能の可能性が閉ざされてしまう、というのがトドメであった。

このあとも「諸君！」を舞台にして論争はつづいたが、両者の基本的スタンスは——平泉が「英語教育の成果はまったく見られない」といって「英語運用能力の顕在量」を問題視したのにたいし、渡部は「英語教育は日本人の知的能力を高めてきた」と、その潜在的な可能性をくりかえし指摘したところにあった。

こうした英語教育の「潜在的な可能性」という主張の背景には、みずからのドイツ留学体験があったことはまちがいない。すでにみたように、青年・渡部はほとんどドイツ語会話ができないままミュンスター大学へ留学した。それでいて、なんと二年半後にはドイツ語で博士論文を書き上げているのだ。担当教授をして「ワタナベは天才だ！」といわしめたその秘密は上智大学時代、特訓に特訓を重ねた「英文法」にあったのだから。

○

「早期英語教育」や「英語の社内公用語化」が話題になっている折から、二〇一四年（平成二十六年）に刊行されたのがそうした風潮に疑問符を投げかける『英語の早期教育・社内公用語化は百害あって一利なし』（李白社）であった。そのなかではこんな警鐘を鳴らしている（一八二～二〇六ページ参照）。

・母語もマスターできていないうちに英語を教えても害があるだけだ。
・子供は外国語を覚えるのも早いが、忘れるのもまた早い。それは、『知的生活』の著者であるイギリスの批評家ハマトンが自分の子供たちを観察して出した結論でもあった。
・一九八〇年代、中学校や高校で盛んにオーディオ設備を充実させた教室がつくられたが、間もなく廃れてしまった。オーディオ授業をしていたのでは大学生になってから英語の本も読めない、英文も書けない、ということが証明されたからであった。
・それでも英語の早期教育をするというなら、担当者はネイティヴ・スピーカーでなければならない。幼いときに誤った発音やリズムを植え付けられたら、それこそ百害あって一利なしだからだ。……

英語の社内公用語化にかんしては、いま実施している各企業でほとんど成果が上がっていない事実をみれば論を俟《ま》つまい。

「神」は「上《かみ》」なり！

一九七五年（昭和五十年）、雑誌「言語」誌上で約半年間つづいたのが国語学者・大野晋との「神は上《かみ》か」論争であった。大野は「超一流」と評してもいい言語学者で、筑摩書房版『本居宣長全集』（全二十巻・別巻三）の編集・校訂者のひとりとしても知られている。これは言語学上の論争なので、わたしにはいささか荷が重いが、できるだけかいつまんで整理しておく。

七三年刊行の『日本史から見た日本人』で、渡部は日本語の「カミ」には次のような意味があるとしている（祥伝社黄金文庫版「古代編」六七ページ参照）。

(1)地理的に上にあるもの：川上など。頭の上にある毛は「上《かみ》の毛」（髪の毛）で、陰毛《しものけ》と対立する。

(2)身分的に上にあるもの：大臣は昔「一の上《かみ》」と呼ばれ、その他、省の卿《かみ》、寮の頭《かみ》などがあった。政府は「お上《かみ》」である。

(3)いわゆる神さま：氏族の祖先は氏神《うじがみ》となる。天皇、またしかり。

そこで、次のようにいう。

天皇は神《かみ》の直系の子孫という意味で神であるのみならず、すべての氏族の源の上《かみ》に立つ者（かみ）である。またいろいろなカミ、つまり大臣《かみ》とか頭《かみ》とか守《かみ》とか督《かみ》とかの上《かみ》の意味でもある。（六七ページ）

これは新井白石や本居宣長に連なる説であると同時に、われわれもなんとなくそう思っている常識的なセンといっていいだろう。

ところが、七四年十一月に刊行された大野晋の『日本語をさかのぼる』（岩波新書）はこの「神は上《かみ》である」説を真っ向から否定した。その論拠は以下のようなものであった（一〇三〜一〇八ページ／一九一〜一九七ページ参照）。

――橋本進吉（日本の代表的な言語学者）の発見によれば、奈良時代の母音の数は、平安時代以降のように五個ではなく、八個あった（「上代特殊仮名遣」と呼ぶ）。同じ「ミ」という語でも明らかに甲類miと乙類mïの区別があった。そのうえで、「カミ」という語を調べてみると、「神」を意味するときの「ミ」には未、微、味といった乙類の仮名が当てられている。すなわち、「神」はkamïであった。それにたいして、「上《かみ》」には加美、賀美などと甲類の仮名、つまりkamiと書いた例しかない。そこで、大野晋は《本居宣長以来、神《かみ》は上《かみ》にましますからカミというのだと言われて来た。しかし、今や、神《かみ》と上《かみ》とは結びつかない。これは全然無関係の語である》（一〇七ページ）と断じたのである。

ならば、「神」とはなにか？『日本語をさかのぼる』にはこうある。

上にいますものがカミ（神）であるという語源説は成立しがたいことはすでに述べた。そこでカミという語の別形があるか否かをみると、カムカラ（神の品格）、カムサビ（神々《こうごう》しい様子である）、カムナガラ（神の意向のまま）、カムガカリ（神憑り）など、カムという形がある。独立語としてはkamïであり、複合語の場合にはkamuである。

（一九二ページ）

そのうえで大野は、kamuのほうが「神」の祖型に近いのではないかと考える。祖型がkamuとなると、甲類のkamiすなわち「上」とのつながりはますます離れていくことになると指摘している。そこで大野は『古事記』や『日本書紀』などに即して「カミ」の正体を探っていった。その結果、「カミ」の実例として多く見出されたのは雷／虎や蛇といった恐るべき動物／妖怪／山や海や川に鎮座して通行人を威嚇するカミ……だったと結論する。

これらのカミが、カミの古い意味である。ここに通じて見られる一つの特性はカミが、人間によって、好まれ、親しまれ、愛される存在でないということである。それは恐怖、畏怖、畏敬の対象ではあっても、人間的な交渉を持つ対象とは全然思われていない。（中略）

人間世界に対して最大の力を持っていたカミも、最大の恐怖の対象であったにとどまり、（中略）日本民族は、天地を貫く何かの大きな力によって愛され救われるということを知らずに生きていた。日本語の基礎語の中に、そうした役割をする意味を持った語が無いことから私はそれを推定する。

（一九七〜二〇一ページ。傍点松崎）

以上のような大野説に反論をこころみたのが、雑誌「言語」七五年四月号に寄稿した渡部論文であった。

○

大野の「神は上《かみ》ではない」という説を支えているのは――「神」の「ミ」は乙類だからkamïであり、「上《かみ》」の「ミ」は甲類だからkamiであり、ふたつの語は無縁であるという言語学上の区分であった。

それにたいして渡部は、日本語の《語源は定説のないものが多》（「カミの思想」、中公叢書『国語のイデオロギー』一八七ページ）いため、学説の定まっている印欧語の例を挙げた。それは、ドイツ語のBuche《ブッヘ》（ブナの木）とBuch《ブッフ》（書物）である。語尾が異なり、前者は女性名詞、後者は中性名詞である。しかし古代、そこに文字を書く材料の名が書物を意味するようになったことはギリシャ語の「パピルス」→「ビブロス」などにみるとおりであって、ドイツ語のBuche《ブッヘ》（ブナの木）→Buch《ブッフ》（書物）もその例に洩れないとした。わたしも試しに手元の『ジーニアス英和辞典』（大修館書店）で、ブナ（beech）を引いてみたら、「この板に文字を書いたので本・文書の象徴となった。bookを参照」とあった。英語でも同様のことがいえるわけだ。

> ブナの木Bucheと書物のBuchの語尾音が異なること、複数形が違うこと【複数形はそれぞれBuchenとBücher—松崎注】、性が別であることは、この二語が語源的に関係がないということの証明としては全然用いるわけにはいかないのである。むしろ全体としての語形は似ておりながら、語尾音などが違うからこそ、その語源が同一であろうという推測が出発点となり、その二つの語の間にも有意義な語源学的繋りがあるとされるのである。
>
> （「カミの思想」、『国語のイデオロギー』一八七〜一八八ページ）

そのうえで、「神」の祖型ともみられるkamuと「上」kamiの関係、すなわちu→iの転換については、地方方言や階級方言によって英語の「牡牛」bullがbillになったり、「肉屋」butcherがbitcherに変化したりする例を挙げている。要するに――語根を同じくする語でも、意識のなかである程度以上の分化が起きると語形も変わってくるのが言語学の定説であるということになる。

すると、大野晋から反論があった。――印欧語の例をもって古代日本語に当てはめるのは有効ではない。よって、日本語の例がほしい、と。

これにたいして、渡部はただちに日本語の例証を出した。

漢字で書くと「日」と「火」になる「ひ」である。「日」は「ひ」の甲類であるfï、「火」は乙類のfïである。

古代人の頭の中、この両語【「日」と「火」――松崎注】が結びつけられていたと仮定することは少しも不自然ではない。ホカホカ、ポカポカ、フカフカなど、今でもh、p、fなどの音ではじまる象徴語は、そのことを暗示しているようである。「日」にしろ「火」にしろ、古代人にとっては「暖い」という観念と結びついていたと考えてよい。（同書一九二ページ）

「日」は甲類のfiであり、「火」は乙類のfïだ。これは「上《かみ》」kamiと「神」kamïの関係とまったく同じである。そこで、「日」fiが「火」fïより語根に近くみえるのと同じように、「上《かみ》」kamiのほうが「神」kamïよりも語根に近いのではないかと考え、《古代日本人にとって、「上《かみ》」が神聖観念であり、その「上《かみ》」にまします者が「神」なのである》（一九三ページ）と結論づけたのである。

さらに、「神」の祖型kamuと「上」kamiの関係、すなわちu→iの語音変化に相当する「火」の変化とは逆であるが、i→uの変化であるfï→fuの例を『万葉集』の防人《さきもり》の歌に見つけ出している。それは、次の歌である（一九五〜一九六ページ参照）。

家《いは》ろには　葦火《あしふ》焚けども　住み好けを　筑紫にいたりて　恋《こふ》しけもはも

（巻第二十、国歌大観番号四四一九）

ここでは、たしかに「葦火《あしび》」の「ひ」がfuと読まれている。

○

渡部にとってこの論争が重い意味をもっていたのは、テーマが「神」にかかわる問題だったからである。

大野晋は「神は上《かみ》にあらず」とした。しかも、古代の「神」は当時の人びとにとって最大の恐怖の対象であり、そこから「日本民族は、天地を貫く何かの大きな力によって愛され救われるということを知らずに生きていた」という、きわめて〝反日的〟な結論を引き出したのである。それを受けて岩波書店はここぞとばかり「神は上《かみ》にあらず」と大々的な宣伝を展開したわけであるが、そのウラには、少しでも天皇の価値を引きずり降ろしたい……という狙いがあったことは明らかだった。

渡部はおそらくそれを鋭敏に感じとったからこそ、「神は上《かみ》にあらず」という大野の説に「NO」を突きつけたのである。もちろん、本節冒頭に紹介した『日本史から見た日本人』における自説――「天皇は神の直系の子孫であり、すべての氏族の源の上《かみ》に立つ者（かみ）である」――を守る目的もあっただろうが。

試練を越えて

一九八〇年（昭和五十五年）は試練の年であった。

「週刊新潮」九月十八日号で――生活保護を受けている作家・大西巨人はふたりの息子が血友病のため一か月に一千五百万円にのぼる医療費助成を受けているという記事を読んだ渡部が、

「週刊文春」（十月二日号）の隔週連載コラム「古語俗解」に「神聖な義務」と題して疑問を投げかけたことが発端だった。

血友病の子供を持つということは大変に不幸なことである。今のところ不治の病気だという。しかし遺伝性であることがわかったら、第二子はあきらめるというのが多くの人の取っている道である。大西氏は敢えて次の子供を持ったのである。そのお子さんも血友病でテンカン症状があると報じられている。（中略）既に生まれた生命は神の意志であり、その生命の尊さは、常人と変わらない、というのが私の生命観である。しかし未然に避けうるものは避けるようにするのは、理性のある人間としての社会に対する神聖な義務である。現在では治癒不可能な悪性の遺伝病をもつ子どもを作るような試みは慎しんだ方が人間の尊厳にふさわしいものだと思う。

（『古語俗解』一二一～一二二ページ。傍点原文）

このコラムが出ると、それを読んだ朝日新聞記者・原賀肇が渡部宅に押しかけてきた。詰問口調の質問をして帰ったあと、翌日の朝刊に大々的な記事「大西巨人氏vs.渡部昇一氏」が載ったのである（十月十日付）。社会面の四分の一以上のスペースを割いた記事で、見出しには「劣悪遺伝の子生むな　渡部氏、名指しで随筆／まるでヒトラー礼賛　大西氏激怒」とあった。見出しだけ見ると、あたかもふたりが激論を交わしたように思えるが、じつは両者は会ったことも話をしたこともなかったという。いわば、《全くの虚構の報道》（「〝検閲機関〟としての『朝日新聞』」、徳間文庫『萬犬虚《ばんけん》に吠える』二〇八ページ）であり、保守の論客・渡部昇一を叩こうとする朝日新聞の意図はミエミエであった。したがって、渡部のエッセイの核心部ともいうべき「既に生まれた生命は神の意志であり、その生命の尊さは、常人と変わらない、というのが私の生命観である。しかし未然に避けうるものは避けるようにするのは、理性のある人間としての社会に対する神聖な義務である」というあたりは素通りして、「遺伝性であることがわかったら、第二子はあきらめるべきではないか」といった文句に目をつけ、「これはヒトラーのような優生思想だ」と騒ぎ立てたのだった。

　このコラムは多くの議論を生み、よく知られているうえ、生命倫理にかんしてはさまざまな立場があるため、「神聖な義務」をめぐる話題はこのあたりで切り上げ、その後日譚《ごじつたん》に移る。

○

　前記コラムには、ドイツ留学中に医学生から聞いたという話──《「この前の大戦でドイツの強健な青年の多くが戦場で失われた。（中略）しかし西ドイツは敏速に復興し、ヨーロッパでも最も活力がある国である。その理由は東ドイツから大量の青少年が流れ込んでいることと、ヒトラーが遺伝的に欠陥ある者たちやジプシーを全部処理しておいてくれたためである」》（『古語俗解』一一七～一一八ページ）や、アレキシス・カレルの持論――《劣悪な遺伝子があると自覚した人は、犠牲と克己の精神によって自発的にその遺伝子を残さないようにすべきであると強くすすめる》（同書一二〇ページ。傍点原文）が少々不用意に紹介されていたためか、人権派の運動家たちが「血友病患者にたいする差別だ」として、授業中のクラスに押しかけてくるという〝事件〟に発展した。

これにかんしては、『渡部昇一　青春の読書』に詳しい記述があるから、長くなるが、それを引用しておきたい。

> 人権派の学生たちが教室や研究室に押し掛けてきた。また過激な身障者団体は、口もきけない身障者たちを車椅子に乗せて教室に入ってくるということもやった。この団体は私の吊るし上げのため、文藝春秋社で会見を申し込み、私はこれに応じた。二時間近く糾弾されたが、私は少しも間違ったことを言っていないと確信していたため、一言も詫《あやま》らなかったし、一言の取り消しもしなかった。（中略）
>
> 幸いに、当時の月刊『文藝春秋』の編集長であった安藤満氏が、私の言い分を十分述べた論文【「〝検閲機関〟としての『朝日新聞』」――松崎注】を載せてくれたので、『朝日新聞』自体の攻撃は収束した。安藤さんは私の恩人だ。（中略）

それでも、学校への押し掛け騒動は終わらなかった。そのうち私に分かったことは、車椅子の身障者たちは私の書いたものなど読んでいないのである。車椅子を押している人たちが、身障者を用いた人権問題糾弾団体なのである。それは当時の厚生省【現・厚生労働省―松崎注】を震え上がらせた団体だったそうだ。

私は車椅子の団体が来るとすぐに教壇から下り、その身障者の手を撫でながら、「あなたの車を押している人は悪い人ですよ」と言うことにした。手を撫でられている身障者は、いかにも嬉しそうにニコニコするのである。何も分からないほど重篤な患者たちなのだ。

「悪い人です」と私に言われた人たちは、「身障者が渡部に抗議している」という立場だから、身障者自身が私に手をさすられて喜んでいるので文句は言えなかったのだろう。私がこの「手さすり」をやり始めると、車椅子が教室に押し掛けることはなくなった。

しかし、糾弾団体はしつこかった。毎朝、配達証明の手紙を送りつけてくるのだ。そのたびに、私は手紙を取りに出なければならない。そんなことがしばらく続いてから、彼らの要求を容れて、あるマンションの集会所を借りて徹底討論することになった。例によって、私は一言も詫らないし、一行も取り消さない。

そんな押し問答みたいなものが三時間くらい続いたあと、リーダー格だった逞しい男が、「お前はそれでもキリスト教徒か」と言ったのである。私は「キリスト教徒は信念を守るためには火炙《ひあぶ》りにもなったのだ」と言い返した。するとそのリーダーは、「こいつは駄目だ」と言い捨てて、みんなを連れて引き上げた。これが、私の糾弾からの卒業式となったのである。

(三〇二〜三〇四ページ)

じつをいえば、こうした糾弾にさらされたのはこれが初めてではなかった。

評論家・山本七平がイザヤ・ベンダサン名義で書いた『日本人とユダヤ人』の英訳本(研究社)の刊行にあたって、版元から注釈を付すよう依頼されたとき、渡部はテキストの「エタ」という言葉にも注を付した。すると、「怪しからん」といって解放運動家たちがやはり教室に押しかけてきたのである。『日本人とユダヤ人』の英訳本は未見なので正確な時期は不明だが、日本語の原本が山本書店から刊行されたのが一九七〇年であるから、七〇年代も半ばから後半あたりのことではないだろうか。

夏休みをはさんで六か月間、かれらはすべての授業(週四コマ)に押しかけてきたという。最初のころは教室に入ってきて教壇を取り巻き、ギャアギャア叫び立てた。そんな状態では授業などとてもできないから二十分ぐらい黙ったまま坐っている。すると、諦め顔で出て行くので、それから授業をはじめたという。

そんなことがくりかえされるうち、出席している学生たちのあいだから「おまえら、出て行け！」という声が上がるようになった。かれらも教室には入りづらかったのだろう、今度は廊下で待ち伏せして、渡部が教室に入れないような作戦に変えた。それにたいして「手を出した」といわれないよう、後ろ手のまま、かれらを押し退けるようにして教室に入って行ったという。その間、キャンパス内に「渡部昇一教授を弾劾する！」という大きな立て看板も出されている。

夏休みが終わると、今度はちがうメンバーがやってきて、また同じような糾弾をはじめたので、キリがないから、渡部は「キミたちの言い分を聞こう」と対応を変えた。かれらに糾弾の言い分を書かせ、自分でも回答を記し、両者の書類を第三者である上智大学に預けることにしたのである。そんなことを何度かくりかえしているうちに、かれらの姿はキャンパスから消えていった……という。

○

『知の湧水』では、当時は「雁《ガン》　寒潭《カンタン》ヲ度《ワタ》ル」という言葉をくりかえし口ずさんだものだと回想している。これは若き渡部が親炙したメンター・神藤克彦（上智大学教授）から教えられた『菜根譚』に出てくる言葉であった。――「雁　寒潭ヲ度ル／雁　去ツテ　潭《フチ》ニ影ヲ留メズ」である。

「寒潭」というのは「澄みきった水」ということで、雁がその上を飛べばその時は影が水にうつるけれども、雁が去ればその影はなくなる。そのように、あることにいつまでもくよくよするな、という教訓である。（一五一ページ）

事が起こった以上は、いつまでもくよくよ考えない。取り越し苦労もしない。さらにいえば、そんなことは忘れてしまえ、といった含意もあるようだ。そこで、前述した抗議活動や糾弾運動にさらされたとき、「雁　寒潭ヲ度ル」という言葉を何度もつぶやき、それがずいぶん気持ちの支えになったという。

この時、私は帰宅する前に、「雁寒潭」という言葉を口のなかで繰り返した。そのおかげで、寝室をともにする私の家内は、私が大学で糾弾団体に攻撃されていることに最後まで気づかなかった。（一五二ページ）

覚えておいて損のない教えであろう。

○

谷沢永一が関西大学の教授時代、部落解放同盟の糾弾を受けたときの体験談をいま思い出した。それはこんな内容であった。

「謝るときは我慢の一途、コレです。それが謝罪するときの公理です。解放同盟に六、七時間にわたって糾弾されたときも、わたしは最初から最後まで、『いや、そんなことは考えてもおりません』とくりかえしました。壊れたレコードのように、そのひと言しかいわなかった。

　相手はわたしを吊るし上げにかかっているわけです。こっちがなにをいおうと聞く耳はもたない。だから、わたしには相手を説得する必要も、また可能性もないわけです。言葉知らずとバカにされようと、無教養な国文科教授とさげすまれようと、『いやいや、そんなことは考えてもおりません』とくりかえしました。まあ、バカのひとつ覚えを六時間も七時間もくりかえすわけですから、われながらイヤになってきたのは事実ですけど、それをつづけるしか仕方がない。手を換え品を換えて弁明に努めたら、かならずや言葉尻を捉えられたはずです。だから、シンドイけれど、壊れたレコードに徹するしかない。

　ま、これがわたしの〝謝罪哲学〟ということになるでしょうか」

　こういう点では、渡部とは対照的な関西人であった。

「角栄裁判」に異議あり！

　渡部昇一は〝素人の人〟である。

何事であろうと、素人として疑問を感じると、相手が大家であれ、斯界《しかい》の権威であれ、その疑問をぶつけるからだ。「素人が口を出すな」といわれようと、おかしいと思ったらそれを口にする。あるいは文章にして発表する。ジャーナリスト・立花隆との論戦に発展した「角栄裁判」のケースなど、その格好のケース例である。

「角栄裁判」とは、いうまでもなく——アメリカの大手航空機メーカー「ロッキード」が自社の旅客機トライスターを全日空に売り込む際、日本の政界や闇ルートに多額の工作資金を流したという疑惑をめぐり、七六年（昭和五十一年）七月、東京地検に逮捕された元首相・田中角栄にかんする裁判である。田中の容疑は丸紅ルートをつうじて五億円を受け取ったというものであった。

田中にたいする公判は七七年一月から東京地裁ではじまった。

当初、渡部はこの裁判にさしたる興味を示さなかった。《裁判に廻った事件については、日本の裁判所を信頼して可なり、と信じ切っていたからである》（『角栄裁判』は東京裁判以上の暗黒裁判だ！」、『萬犬虚に吠える』七ページ）と、その理由を明かしている。ところが、八三年（昭和五十八年）十月、東京地裁で「懲役四年、追徴金五億円」の有罪判決が下ったあと、ひょんなことから疑問を感じたという。

一審の判決が出たあと、大学院での午前中の演習を終えると、学生たちと昼食をとるべく、近所の店に向かった。道すがら、ある学生が「きょうの朝日新聞で元最高裁長官という人が角栄は一審の判決に服すべきだとコメントしていましたが、ああいうのはどうなんでしょうネ？」といった。そのときとっさに出た言葉は――「そんなばかな話はないだろう。そんなことをいったら最高裁の〝自殺〟じゃないか」というものであった。

そのときはそれで終わったが、元最高裁長官の「角栄は一審の判決に服すべきだ」という意見が妙に頭に引っかかっていた。そこで、〝素人の人〟の直観が反応したというべきだろうか、問題の日（十月二十一日）の朝日新聞を探し出し、元最高裁長官の談話を読んでみた。

「一審の重み知れ／居座りは司法軽視／逆転無罪あり得ない」と、大きな見出しを打たれた元最高裁長官・岡原昌男のコメントは次のような趣旨であった。――「一審判決というのは重い。控訴審、上告審というのは審理のやり直しではなく、あらたに主張された事実を調べるにすぎない。したがって上級審で逆転無罪になるケースはほとんどない。ましてや、ロッキード判決は審理に七年もかけている。審理は完璧だ。それにもかかわらず、元首相が控訴するというのは司法を軽視するものだ。首相経験者として絶対に許されるべきことではない」と。

《これを読んで私は肝っ玉が潰れるほど驚いた》（同書九ページ）。憲法第三十二条には「何人も、裁判所において裁判を受ける権利を奪はれない」とある。一審判決に不満があれば高裁に控訴、さらには最高裁に上告できるというのが国民の権利ではないか。それなのに、元最高裁長官ともあろう人物が国民の権利を否定するとは……。

そうした疑問をつづったのが「諸君！」の八四年一月号に載った「『角栄裁判』は東京裁判以上の暗黒裁判だ！」である。

八四年一月号といえば、発売は八三年十二月である。入稿はその前の十一月ということになる。大学院の学生から元最高裁長官のコメントを教えられたのが十月二十一日だったから、わずかひと月足らずで四百字詰め五、六十枚の論考を仕上げたことになる。司法関係者のあいだに三審制を否定するような空気が広まったら危うい、という素人の勘が急《せ》かせたのであろう。

原稿のポイントは——日本国民はだれであれ、裁判を受ける権利がある。田中角栄が五億円を受け取ったか否かは知るところではないが、かれが自己の無罪を主張するのであれば最高裁まで争うべきである、という点にあった。

そしてもう一点、検察がロッキード社の副会長コーチャンと元東京事務所代表クラッターにたいし証言と引き換えに刑事免責を与えておきながら、東京地裁が田中サイドにコーチャンおよびクラッターへの反対尋問を許さなかったことを問題とした。これもまた〝素人の慧眼〟というべきであった。

田中側弁護人はコーチャン氏やクラッター氏に反対尋問する機会が与えられたことが一度

でもあったか。もしクラッター氏に反対尋問することができたとすれば、この事件はその時点で明白になり、七年もかかる必要がなかったであろう。（同書三三ページ）

刑事被告人が検事側証人に対して反対尋問するという、現憲法に明記されている重大な権利を否定するという判例をそのままにしておいてよいのか。（中略）こんな恐ろしいこと、また超重大なことを第一審の判決で固定させるわけにはゆくまい。是非、最高裁の判例が欲しい。（同書三九ページ）

渡部の指摘はもっともである。検察サイドはコーチャン、クラッターから「証言」をえるためにアメリカの裁判所に嘱託尋問を依頼したが、そこには「刑事罰を免責する」という条件がついていた。しかも、信じがたいことに、その自白が証拠として採用されたのである。単なる〝つぶやき〟が証拠として採用されるなど、どう考えたっておかしい。もちろん、当時の法曹関係者たちもそのおかしさには気づいていたはずだ。しかし、それに異を唱えれば闇将軍に手を貸すことになる。そこで、かれらは口を閉ざしたのである。

憲法第三十七条には「刑事被告人は、すべての証人に対して審問する機会を充分に与へられ、又、公費で自己のために強制的手続により証人を求める権利を有する」とある。その権利を認めないというのは基本的人権にかかわる問題ではないかとして、「諸君!」八四年三月号に「角栄裁判・元最高裁長官への公開質問七カ条」を載せた。上記のような疑問を列挙した質問状である。

ところが、これにたいする返答は編集部に届かなかった。ただ、元最高裁長官・岡原昌男は別のところで「渡部氏は法律の専門家でもないから反論しなかった」と語っていたという(『角栄裁判』に異議あり!』、同書一〇九ページ)。

上智大学のキャンパスで、同僚で司祭のピーター・ミルワードから、「ワタナベ先生、あなたがタナカ・カクエイを擁護《ようご》しているという噂を耳にしましたが、どうしてそんなことをなさるのですか?」と訊かれたのはちょうどそのころのことであった。そのとき、「反対尋問(cross-examination)が認められていないからです」と説明すると、さすがに法の国イギリスの人だけあって、即座に「ア、そうだったんですか。わかりました」という答えが返ってきたという。

○

最初はさほどの関心を示さなかった「角栄裁判」であったが、こうして「諸君!」を舞台にして矢継ぎ早に論考を発表しているうちに、それがジャーナリスの立花隆との論争に発展した。「諸君!」八四年七月号の「大反論」と題するインタビューで、立花はこう語っている。

新年号の渡部さんの【前記『角栄裁判』は東京裁判以上の暗黒裁判だ！」―松崎注】をちょっと読んでいたら、あまりにお粗末な議論なので、こんなものに付き合うのは時間の無駄と思い、あとは新聞広告で【その他の人びとをふくめた論考の―松崎注】タイトルを見るだけで、世の中アホなことをいう人がいろいろいるものだと思っていただけでした。

（文藝春秋刊『巨悪vs言論』二八九ページ）

立花は、先の最高裁長官の発言は三審制を否定しているのではなく、「田中サイドが一審の重みを軽視して政治責任をとることを拒否していることをどう思うか」と問われたことにたいする回答であるとした。《あくまで政治家田中の身の処し方について意見を述べているのであって、控訴すべきか否かについて意見を述べているのではない》（朝日新聞社刊『論駁～ロッキード裁判批判を斬る』I、二九ページ）と、諭している。

そして、「朝日ジャーナル」の「ロッキード裁判批判を斬る～幕間《まくあい》のピエロたち」という連載で、渡部批判をはじめたのである。その見出しの一部を列挙しておくと――、

・「渡部昇一の『知的煽動の方法』」八四年十月十二日号
・「渡部昇一の『慄然』引用術」同年十月十九日号

・「渡部昇一の『探偵ごっこ』」　同年十月二十六日号
・「渡部昇一の『知的不正直のすすめ』」　同年十一月二日号……

といったぐあいである。見出しは編集部がつけたものだろうが、一読、渡部にたいする悪意が透けて見える。

渡部vs.立花の主要な争点は「嘱託尋問」と、それにたいする「反対尋問」をめぐるものなので、以下、そこに焦点を絞って時系列に沿って追ってみる。

「お粗末な議論」と斬って捨てられた渡部は「文藝春秋」八四年十月号に発表した「『角栄裁判』に異議あり！」で、立花に疑義を呈した。

――立花は膨大な『ロッキード裁判傍聴記～第一巻　被告人田中角栄の闘争』（朝日新聞社）を書きつづけているが、《私がざっと目を通した限り、田中角栄被告がアメリカ人の証人に反対尋問を請求したのに、「その必要なし」として却下されたという、最も肝腎な点に対して言及が全くない》（『萬犬虚に吠える』一〇〇ページ。傍点原文）と指摘した。

それにたいして、立花はいう。――角栄サイドが反対尋問の請求を裁判所に出したのは八二年の二月十日で、それが却下されたのは同年五月二十七日であるが、上記『ロッキード裁判傍聴記』はまだ八一年十二月までしか扱っていない。よって、渡部の批判は当たらない。《江戸時代のことを書いた歴史書に対して、「この本には明治時代に起きたことがのっていないからデタラメだ」とイチャモンをつける人がいたら、その人の頭が疑われるであろう》（『論駁～ロッキード裁判批判を斬る』I、七六ページ）と。

渡部は「それこそ、いいがかりもいいところだ」と、立花に斬り返した。それが「諸君！」八五年二月号の「立花隆氏にあえて借問《しゃもん》す」であった。――たしかに、既刊の傍聴記は八一年十二月までしか扱っていないが、「朝日ジャーナル」で連載中の傍聴記は角栄サイドが反対尋問の請求をしたときのことを扱っているではないか。そこにはどう書かれていたか？　といって、同誌八二年三月五日号から次の箇所を引用している。

コーチャン、クラッターへの反対尋問。二人をこの法廷に呼べ。それができなければ、裁判所がアメリカに出張して出張尋問をしろ。それもダメなら、嘱託尋問をもう一度やれとの要求である。

コーチャン、クラッターへの嘱託反対尋問を田中側が持ち出したのは、これがはじめてではない。（中略）しかし、現実には（中略）実行に移さなかった。（中略）もし要求が通って、コーチャン、クラッターに対する証人尋問がもう一度、今度は正式の公判手続きとして行われてしまうと、（中略）コーチャン、クラッターの被告【田中角栄―松崎注】に対して不利な証言内容が百パーセントの証拠能力付きで固まってしまう。それは弁護側にとってヤブ蛇で

ある。（中略）

だから、田中側の今回の要求も、むろん本気ではない。

（『萬犬虚に吠える』一五三～一五四ページに引用）

この一文を引いて渡部は《これは立花氏の反対尋問権というものに対する見方を示して余すところがない》（同書一五四ページ）と評した。自分（渡部）は国民の権利として「反対尋問権」を問題にしているのに、立花はそれを法廷闘争の道具としかみていないと指摘した。それが証拠に八二年五月二十七日に反対尋問の請求が却下されたとき、「朝日ジャーナル」連載の立花の傍聴記はこの《刑事裁判史上の大事件》を《全く取り上げた形跡がない》（ともに同書一五四ページ。傍点原文）ではないかと書いている。

すると、立花はこう指摘した。――田中裁判では、検察側証人は通算五十一人登場しているが、《そのどの証人に対しても、弁護側の反対尋問権は奪われていない》。コーチャン、クラッターにたいする尋問は《捜査段階で、捜査の一環としておこなわれた尋問なのである。捜査の一環であるから、そこで反対尋問がおこなわれるわけがない》。その意味では《「反対尋問権が奪われた裁判」／というような表現は、全くこの裁判の実態に反するものといわなければならない》（いずれも『論駁～ロッキード裁判批判を斬る』I、一六二ページ）と。

そう、両者には立ち位置のちがいがありすぎたというべきであろう。あくまでも反対尋問にマトを絞った渡部の〝原理論〟と、田中側の事情を知り尽くした立花の〝現実論〟とのあいだには大きな懸隔《けんかく》がありすぎた。

じっさい、立花は反対尋問をめぐる田中弁護団と検察のやりとりをみて、《田中側が本気で反対尋問をやりたがっているわけではない》と見抜くと同時に、それればかり論じていると、《この裁判の本質が見失われていくような気がするんです。この裁判でやはり一番大切なのは田中の犯罪事実そのものです》（ともに「大反論」、『巨悪vs言論』三〇二〜三〇三ページ）と総括している。

○

「角栄裁判」は、二審がおこなわれていた八五年（昭和六十年）二月に田中角栄が脳梗塞《のうこうそく》で倒れ、八七年（昭和六十二年）七月に控訴棄却の高裁判決が出た。田中弁護団は即日上告したが、九三年（平成五年）十二月、田中が死去したため、最高裁での上告審は審理途中で公訴棄却となった。

ただし、検察側がおこなったコーチャン、クラッターにたいする「刑事免責付き嘱託尋問」にかんして、最高裁は最終的に「刑事訴訟法はいわゆる刑事免責の制度を採用しておらず、刑事免責を付与して得られた供述を録取した嘱託証人尋問調書を事実認定の証拠とすることは許容されない」という要旨の判決を下している。

この点では、最高裁も渡部の「正論」を認めざるをえなかったのである。

「南京虐殺」などなかった

「追悼『知の巨人』渡部昇一」に収録されている「私と昭和史」によれば——渡部が「南京虐殺」などなかったことをはっきりと確信したのは、八五年（昭和六十年）ごろ、前年に刊行された田中正明の『〝南京虐殺〟の虚構〜松井大将の日記をめぐって』を読んだときであったという。以前から「虐殺などなかった」と感じていたため、それを裏付ける確証をえた思いだったと語っている。そこで、六八年（昭和四十三年）に刊行された全十巻・総ページ数八五〇〇の大冊『極東国際軍事裁判速記録』（雄松堂書店）を通読し、「南京事件否定論」を展開するようになったのである。

この問題をめぐっては藤原彰（一橋大学名誉教授）など左派の論客や「二、三十万人という虐殺はありえないが、数万人規模の虐殺はあった」とする中間派の秦郁彦らとのあいだで論戦が闘わされたが、本節では渡部が「南京虐殺」などなかったことを確信するまでの流れを確認しておきたい。

○

『国、死に給うことなかれ』（徳間書店）には、おもしろいくだりがある。

私は、東京裁判で「南京大虐殺」が飛び出した直後から、それを疑っていました。というのも、戦争中（中略）「南京事件」など耳にしたことがなかったからです。

私の家の近所には、ご主人がシナ大陸に出征した家が二軒ありました。たしか曹長と上等兵だったと思いますが、おふたりとも出征して二年ぐらいすると復員してきました。大東亜戦争が本格化すると、いったん動員された兵士は二度と帰郷できなくなりましたが、それ以前は二年もすれば戻れたのです。「南京事件」があったとされるのは昭和十二年、まだ大東亜戦争ははじまっておりませんから、近所の曹長も上等兵だった人も鶴岡へ帰ってきております。しかし私はそういう人たちから大虐殺の話など聞いたことは一度もありませんでした。

もちろん、私の家の近所の例から結論づけるような話ではありませんけれども、しかし日本全体を考えれば何万人という兵隊さんがシナ大陸から復員しています。もし昭和十二年に南京で大虐殺が行われていたなら、だれかがその事実を洩らし、それが日本中に伝播したのではないでしょうか。ところが、そんな噂すら流れたことはありませんでした。だからこそ私は、「南京事件」はつくり上げられたものかもしれないぞと、戦後すぐに直感したのです。

（六一〜六二ページ）

戦時中、そんな噂を聞いたことがないから「南京事件」などなかったのではないか、というのはいかにも根拠が薄弱のようにみえるが、それがそうでもないのである。というのもこんなケースがあるからだ。

——日本軍の緒戦《しょせん》における連戦連勝がストップし、敗戦へと転がり落ちるターニング・ポイントとなったミッドウェー海戦（昭和十七年六月）で、空母「赤城」「加賀」「蒼龍《そうりゅう》」「飛龍《ひりゅう》」を失ったとき、海軍はそれをひた隠しに隠した。陸軍参謀本部作戦課長を務めた服部卓四郎の『大東亜戦争全史』（原書房）にも、《海戦の損害は一部の関係者を除いては海軍軍人にも秘密にされ、又沈没艦の乗員は暫くの間罐詰《かんづめ》にされていた》（三二四ページ）とある。

ところが、渡部の記憶によれば——《昭和十七年の暮れ近くのことでした。当時、私は小学校五年生で、高等小学校一年生の年長の遊び友だちがいました。その友だちが声をひそめて、「昇ちゃん、加賀も赤城も沈んじゃったぞ」といったのです》（『国、死に給うことなかれ』六三ページ）。海軍が堅く秘していた情報も、洩れるときは洩れるのである。日本全体を考えれば何万人という将兵がシナ大陸から復員していたとき、もしも南京で三十万人もの虐殺がおこなわれたなら……その事実が洩れなかったはずはないというのが渡部の勘でもあった。

「戦前の日本は悪かった。南京ではなんと三十万人近い中国人を殺したんだから」という自虐的な言説がマスメディアの主流であった当時、「南京事件否定論」を口にするのは言論人としては危険な選択だった。世間はすぐ他人にレッテルを貼りたがるものだからである。じっさい、渡部も「右翼だ」「ファシストだ」と、ずいぶん誤解されたり悪口をいわれたりした時期もあった。

だが、「右翼」と呼ばれようがなんといわれようが、渡部は頑《がん》として自説を曲げることはなかった。『極東国際軍事裁判速記録』に収められたアメリカ人牧師の法廷証言から、虐殺などなかったことを確認できたからである。やや長くなるが、「南京事件否定論」の核心なので、お読みいただきたい。

東京裁判の南京虐殺の審理ではさまざまな証人が出廷したが、その中でもっとも信用がおけると思われていたのがアメリカ人のマギー牧師であった。マギー牧師は南京攻略時につくられた国際委員会のメンバーであったし、南京赤十字会の代表者であり、聖職者でもあったから、その証言には格別の信頼性があると思われた。

検察側証人として出廷したマギー牧師は、二日間にわたって南京の日本軍が組織的に一般市民を虐殺していたし、あちこちで兵が女性に暴行を加えていたと証言した。彼の証言は微に入り細に入ったものであったので、その内容は真実に違いないと多くの人は思った。ところが、このマギー牧師の爆弾証言は、弁護側の反対尋問によってあっけなく覆されてしまった。

反対尋問に立ったブルックス弁護人は、マギー牧師に一つの質問をした。

「ところで、マギー牧師。今まで証言した不法行為、もしくは殺人行為というものの現行犯を、証人自身どのくらい見たのですか」

この質問に対して、マギー牧師は実に正直に答えた。聖書に手を載せて真実の誓いをした以上、聖職者としてウソをつくわけにはいかない。彼は「自分が実際に目撃したのは、殺人事件が一つ、強姦の現行犯が一件、強姦未遂が一件、そして強盗はアイスボックスを盗んでいたのを一件見たのみである」と答えた。

東京裁判では南京で三十万人のシナ人が虐殺されたとされた。その大虐殺が行われたとされる市内を自由に歩けたマギー牧師が見た殺人がたった一件だけなのである。しかも、その目撃した殺人事件なるものも、通りを歩いていたシナ人が日本の歩哨に誰何《すいか》されたところ、驚いて逃げさろうとした。それで、追いかけてきた日本兵が発砲したというものであった。（中略）

マギー牧師は南京の国際委員会メンバーであったので、日本軍の占領を監視する必要から市内のどこでも通行することができた。その人物が実際に目撃した「殺人」がたった一件であり、しかもそれが犯罪とはとうてい言えないものであるのを知ったとき、私は南京虐殺がまったくのウソであることを確信した。三十万人もの「市民虐殺」があったはずはない。その確信は歳を追うごとに強まる一方である。

（講談社刊『何が日本をおかしくしたのか』五三～五五ページ）

そして、以下のような事実にたどり着いたのだった。

(1)当時の南京には赤十字会もあったのだから、もし虐殺があったなら日本政府に抗議が殺到したはずなのに、そうした事実はいっさいない。

(2)当時、日本にたいして「大虐殺」を批判した国は一国もなかった。

(3)亜細亜大学教授・東中野修道《ひがしなかのしゅうどう》の研究によれば、南京陥落後、蔣介石《しょうかいせき》は漢口《ハンカオ》へ向かうあいだに約三百回、外国人記者と会見しているが、その間一度も「虐殺」に言及したことはない。

(4)共産党軍を率いていた毛沢東が戦後、ひと言でも「南京事件」に言及したという事実はない。

……

「南京事件」は幻であった。

それにもかかわらず、突如として東京裁判で「南京大虐殺」が叫ばれるようになったのはなぜかといえば、東京裁判がニュルンベルク裁判と並行しておこわれたから、というのがかれの見方であった。

ニュルンベルク裁判はご承知のように、ナチスのホロコースト（ユダヤ人大虐殺）を裁いたわけですが、東京裁判でも何かホロコーストに相当するような出来事がないかと探したのです。ヨーロッパ全体で六百万人のユダヤ人を殺害したホロコーストに対応するような戦争犯罪など、ありうるはずもありません。そこで連合国側は、戦前シナ大陸にいたティンパーリ（マンチェスター・ガーディアン紙の特派員をしていたオーストラリア人記者）やフィッチ（蔣介石の取り巻きだった宣教師）が、蔣介石からカネをもらって流した「南京大虐殺」というデマに飛びついたのです。かつてのデマが戦後になって亡霊のごとく甦り、日本を裁く材料にされたのです。

（同書五〇ページ）

渡部はここに〝日本の悲劇〟を見た。

さらにいえば、朝日新聞や岩波書店、ＮＨＫといった主導的なマスメディアが勝者の復讐劇であった東京裁判の見方に与《くみ》したため、戦後、多くの日本人が自国を貶《おとし》めるようになり、〝日本の悲劇〟はその後も延々とつづくことになったのである。

論争の精神

こうみてきてわかるように、渡部は論争において勝ち負けにこだわってはいない。かれが重視したのはみずからの信じるところ（いわば「わが神」）を守り、広めることであった。したがって、かれは論争に際して衆を頼んだことはない。いつもひとりで論戦の場へおもむき、「わが神」を守り抜いた。

英語教育論争において、かれの「神」は「英文法、英文和訳、和文英訳に重きを置く英語教育は若者の潜在能力を高める」というものであった。そのポイントを外して英語教育を軽んじたら日本人の知的レベルはかならずや低下していくであろう。そうした憂国の情から平泉提言に「否」を唱えたのである。

大野晋との論争も同様である。「神は上ならず」は日本古来の伝統を否定するものであった。いったい、「日本民族は、天地を貫く何かの大きな力によって愛され救われるということを知らずに生きていた」などということがあるだろうか？　大野説はそんな突拍子もない結論を引き出すことになるから、「待った」をかけたのである。たしかに、甲類の「ミ」と乙類の「ミ」は、言語学上は異なる「ミ」であろう。しかし、「上」にあるものを「神」としてきた日本人の心性（メンタリティ）を否定するわけにはいかない。そこで、条理を尽くして「神は上なり！」と主張したのである。それに、日本語だけでなく印欧語でもその他の言語でも、言葉は動く。

そのとき、音韻のみに頼って言葉の類縁関係を決めるのはどれほどの妥当性をもつだろうか。角栄裁判にしても、南京問題にしても、渡部はつねに常識ないし良識（デカルトのいう「ボン・サンス」）から出発した。つねに情況論ではなく本質論に根ざしていたと言い換えてもいい。それを古今東西の書物に通じた博覧強記が裏打ちしていたから、多くの論争において言説が揺らぐことがなく、それゆえ、引けをとることもなかったのである。

論争というと、往々にして敵意や悪意がまぎれ込みやすいものだが、数ある論争における渡部昇一の言説にはそうした湿り気がなかったことも付け加えておきたい。

第八章　国益の立場から

萬犬虚に吠えた教科書問題

「プロローグ」でふれたトーク番組「新世紀歓談」は決まって「この番組は国益という立場から、いろいろな問題に、歯に衣《きぬ》着せずに取り組もうという趣旨のものです。……」というセリフからはじめられた。

一九九四、五年当時、社会党（現・社民党）などは北朝鮮による「日本人拉致《らち》」を認めていなかったし、テレビや新聞は「北朝鮮」といったあと「朝鮮民主主義人民共和国」と言い換えるのが暗黙の決まりだった。当然、朝鮮総連は警察も手出しできないアンタッチャブルであった。いまからでは想像できないかもしれないが、日本国内には朝鮮総連という〝治外法権〟がまかり通っていたのである。朝鮮総連はimrerium in imperio《インペリウム・イン・インペリオ》——「帝国内の帝国」といった存在だった。

そうしたお寒い情況のもとで「国益という立場」から、いろいろな問題を論じていこうと、きっぱり言い切ったのが渡部昇一だった。見ちゃいられないような日本政府の及び腰に喝《かつ》を入れ、日本をまっとうな軌道に戻そうというのがかれの立ち位置であり、志であった。

「国益の立場から」というと、即、右翼と捉えるムキがあるかもしれないが、それはちょっと待ってほしい。国家の役割はいうまでもなく、民間ではおこなうことのできない軍事、外交、治安維持、インフラ整備などを担当し、国民の安全と社会の安定を維持することにある。したがって、国家はつねに自国のためを配慮して活動する。「国益の立場から」というのはしごく当たり前の話なのである。

国家がたとえば、かつてのポル・ポト支配下のカンボジアのように国民の弾圧をおこなうこともありうるが、いまの日本ではそうした圧政などありえない以上、われわれが自己の属する国をたいせつに思うのはきわめて自然なことであろう。そして、そうした愛国心が人一倍強かったのが渡部昇一である。日本の自然、国の歴史、伝統ある文化……といったものを誇りに思っていたと言い換えてもよい。かれのそうした思いは自然の発露であった。われわれにしてもオリンピックやサッカーの国際試合を観戦しているとき、意識せぬまま日本の選手やチームを応援しているが、それと同じように渡部はごく自然に「国」を思い、日本の自然、歴史、文化を愛していたのである。

その意味でも、渡部がつねに「国益の立場から」発言をつづけたのは当然のことであった。前述したように、かれが「南京事件否定論」を展開したのも国益の立場からの行為であり、「税高くして民滅び、また国亡ぶ」といって日本の税制を批判したのも国益の立場からの発言であった。

もちろん、「国益の立場から考える」というかれの思想は、トーク番組「新世紀歓談」にはじまるわけではない。

サンフランシスコ講和条約（一九五二年／昭和二十七年）が日程にのぼったころ、東大総長・南原繁《しげる》以下の進歩的文化人たちがソ連（現・ロシア）圏諸国の入っていない講和条約を「単独講和」と呼んで反対したとき、慶応大学塾長・小泉信三は「では、日本はいつまでも占領下におれというのか」と反駁したが、二十歳になったばかりの渡部は早くも小泉に軍配を上げている。また一九六〇年（昭和三十五年）、時の首相・岸信介が日本に不利な日米安保条約を改定しようとしたとき、学生や労働者たちのデモ隊が連日のように国会を包囲すると、岸に激励の手紙を送っている。ともに、国益を考えたうえでの判断であった。

戦後日本を厚くおおった反米・親ソのイデオロギーなどに惑わされることなく、なにが日本のためになるか、日本人にとってなにが大事なのか、という視点から世の事象を見つめ、考察したのである。

○

「渡部昇一」という名を一躍〝全国区〟にした八二年（昭和五十七年）の「教科書誤報問題」をめぐる発言も「国益の立場から」なされたことはいうまでもない。

ことの発端は、高校の歴史教科書の「華北侵略」という表現が文部省（現・文部科学省）の検定作業のなかで「進出」と書き改めさせられたという報道であった。六月二十六日のその報道はアッという間に広がり、朝日新聞などは《教科書さらに「戦前」復権へ／「侵略」表現薄める／古代の天皇にも敬語》といった見出しで大々的に書き立てた。

すると、ちょうど一か月後の七月二十六日、中国政府から公式に抗議が寄せられた。

さらに、それからちょうど一か月後の八月二十六日には、鈴木（善幸）内閣が官房長官・宮沢喜一の談話として「今後の教科書検定に際しては、教科用図書検定調査審議会の議を経て検定基準を改め、前記の趣旨【近隣諸国との友好親善―松崎注】が十分実現するよう配慮する」という「近隣諸国条項」を発表した。

ところが、文部省が「華北への侵略」を「華北への進出」と書き換えさせたという事実などまったくなかったのである！　「侵略→進出」という書き換えは、マスコミ各社が集う記者クラブでだれかが言い出し、それがたちまち広まった〝誤報〟だったのである。そこで産経新聞は九月七日付の一面に「訂正とお詫び」を掲載したが、その他の新聞社やテレビ局は頬かむりに近かった。

このとき大活躍したのが渡部であった。

何事であれ、多くの人びとのなかには「はてな？」と立ち止まって考える人がいるものである。現代史研究家・板倉由明《いたくらよしあき》もそのひとりであった。「侵略→進出」という報道がなされたとき、書き換えを迫られた教科書会社がどこなのか、具体的な社名が書かれていないことが引っかかり、板倉は「どこの出版社の教科書がそう書き改めさせられたのか」と、朝日新聞に問い合わせている。その回答は「いま探している」というものであった。

板倉からその話を聞くと、渡部はさっそく自分でも調査をはじめた。どこの出版社の教科書か知りもせずに「文部省は書き換えさせた！　書き換えさせた！」と騒ぎ立てるのはあまりにも無責任ではないかと思ったからである。そして、いろいろ調べてみたところ、文部省から書き換えを要求された教科書会社などどこにも存在しないことが判明した。

誤報を楯に文部省を追及し、中韓両国を図に乗らせたマスメディアは明らかに国益を損なった。三権（立法、行政、司法）の監視役を自認し、「反権力」を旗印にすることの多いマスメディアだが、それが昂《こう》じるとジパノフォビア（日本嫌い）におちいりやすいことを見抜いていた渡部はただちにメディア批判の行動に出た。

当時、大きな影響力をもっていたのは竹村健一さんの「世相を斬る」というフジテレビ系列の番組でした。次のテーマはなににしようかとなったとき、私が「教科書問題はインチキだから、あれを取り上げましょう」と提案したら、竹村さんが「エッ？」という顔をしました。その二、三週前、教育界の人と討議したら「あの書き換えは怪しからん」といっていたというのです。竹村さんまですっかり報道を信じ込んでいることがわかりましたので、「いやいや、そんなことはありません。いろいろ調べて、いま『諸君！』に原稿を送ったところです。二週間もすればその論考が載りますよ」といったら、「じゃ、それでいこう」という話になったのです。「書き換えなどなかった！」という放送を流したら、これはもう大反響でした。

（徳間書店刊『世界の大転換を主導する日本』一五〇ページ）

ここに出てくる「諸君！」の原稿というのが、十月号に掲載された「萬犬虚に吠えた教科書問題」である。一匹の犬がなにかの影に脅えて吠え立てた。すると、まわりにいた犬たちもみな、それにつられて吠え出した……。付和雷同するマスコミを諷刺したタイトルであった。その論考にはこうある。

最初の一犬が、虚に吠えたのでなく、実に吠えたのであれば、つまり近所に本当に泥棒で

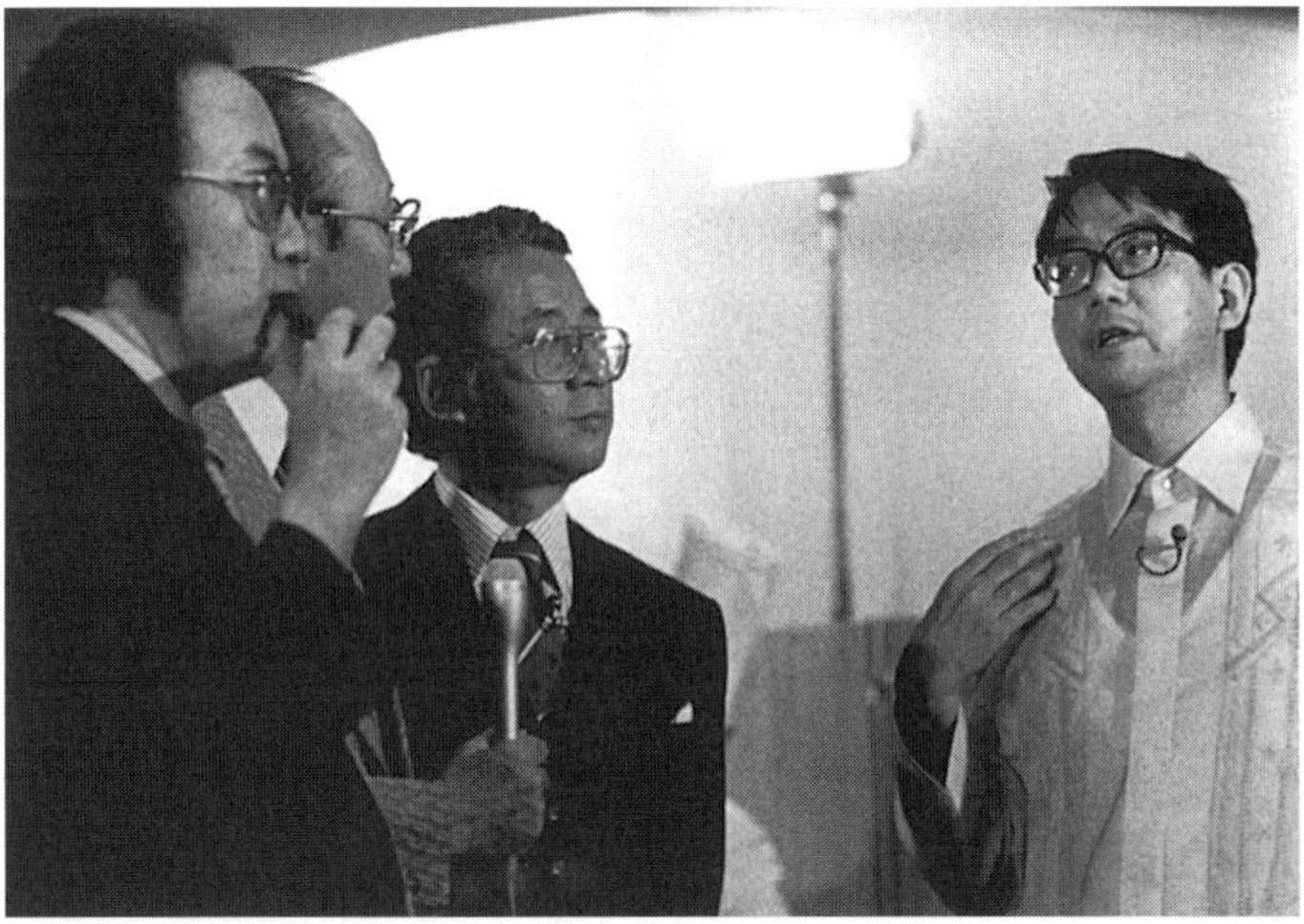
竹村健一、堺屋太一と。当時、人気の論客が揃った

もやってきたのに吠えたのであれば、その犬は良犬である。しかし虚に吠えたのであれば困ったものだ。そのために近所がみんな夜中に起きてくる。しかもその犬が、いつも虚に吠えるくせがあるのであれば、獣医に連れて行かねばなるまい。

（『萬犬虚に吠える』二三四ページ。傍点松崎）

渡部流の筆致であるが、「いつも虚に吠えるくせがある」と書きながら朝日新聞を頭に思い浮かべていたことはまちがいない。その証拠に、五ページ飛んだところにこんな批評が書きつけられている。

『朝日新聞』は文革時代にも北京政府に都合のよい報道を流し続けた。素人の目で見てもおかしなものが多く、事実の報道よりは北京の手先になって日本宣撫《せんぶ》工作をしているといった印象があった。それは印象だけでなく、重大な事実を恣意的に蔽《おお》い、北京政府の賛美になることなら嘘と知った上でその嘘を流し続けたのである。（中略）しかしそういうひどい偏向を指摘されても『朝日新聞』は動じなかった。そして「日中友好のためにはやむをえない」と言い続けた。それは戦前、戦中を通じて、『朝日新聞』が国策推進とか戦意昂揚などの目的のために、好戦的な偏向記事を流し続けたのと、全く同じパターンなのだから気味が悪い。

（同書二三九〜二四〇ページ）

それにしても、この誤報がもとになってつくられた「近隣諸国条項」とはいったいなんだったのか。「今後の教科書検定に際しては近隣諸国との友好親善を十分配慮する」というのは中国や韓国の〝検閲〟を受けるといっているようなものではないか。いまなおつづく中韓両国のジャパン・バッシングはどうやらこのあたりからはじまっているにちがいない。「こっちが強く出れば、日本はかならず頭を下げる」と、かれらに思い込ませてしまったのである。

いまだに、朝日新聞などのリベラル左派のマスメディアは国益を考えることなく、中韓両国のゴリ押しを後押ししたり、ときには北京やソウルに〝ご注進〟に及んだりしているのが現状である。

朝日新聞との40年戦争

そんな情けない情況が、のちに『朝日新聞と私の40年戦争』（ＰＨＰ研究所。二〇一五年刊）を書かせることになる。

朝日新聞との第一ラウンドは「諸君！」の七三年（昭和四十八年）十一月号に載った「新聞の向上？・」であった。

そもそもの発端は、戦前、朝日新聞社の副社長も務めた杉村楚人冠《すぎむらそじんかん》の名著『最近新聞紙学』が中央大学出版部から復刊されたのを機に依頼された書評であったが、そのなかで林彪《りんぴょう》事件（七一年に起きた中国共産党副主席・林彪にたいする粛清事件）を報道しない朝日新聞を痛烈に批判し皮肉った。《つまり林彪問題に関しては、楚人冠の言う「社主、主筆、編集長、外勤員の全部」が買収されたかっこうになったわけである》（『文科の時代』一九五ページ）と。

もっとも、これで朝日vs.渡部の〝40年戦争〟が本格的にはじまったわけではない。七六年から七七年にかけて『知的生活の方法』が大ベストセラーになると、朝日新聞社から社員向けの講演を頼まれているからだ。ただし、この講演のなかで、「みなさんのなかには日本が社会主義の国になるだろうと思っていらっしゃる方もおられるかもしれませんが……」と皮肉ったのは少々ナイーブすぎたかもしれない。これを機に、朝日の社内には「渡部を潰せ」という気運が高まったと伝えられている。

当時はリベラル左派のマスメディアが闊歩していた時代だから、保守派の渡部はすでに目をつけられていたのかもしれない。しかし、みずから「正論」と信じた自説はけっして譲らないのがかれの姿勢であったから、「南京事件否定論」や「従軍慰安婦強制連行のウソ」などを倦《う》むことなく説きつづけていた。

そうした地道な営為が実を結んだのが、朝日新聞の「従軍慰安婦報道」の検証記事であった（二〇一四年八月）。それは、一九八二年（昭和五十七年）九月二日の紙面に載せ、その後もくりかえし報道しつづけてきた吉田清治という男の証言――「自分は戦時中、朝鮮半島の済州島で二百人の若い朝鮮人女性を狩り出して従軍慰安婦にした」――は虚偽であったとする検証記事であった。そのとき、朝日新聞は「読者のみなさまへ」向かってこう書いた。《吉田氏が済州島で慰安婦を強制連行したとする証言は虚偽だと判断し、記事を取り消します。当時、虚偽の証言を見抜けませんでした。済州島を再取材しましたが、証言を裏付ける話は得られませんでした》と。

しかし、吉田という詐話師《さわし》の証言がまったくのデタラメであることは渡部たちが二十年以上も前から書いたりしゃべったりしてきたことであった。それを時機外れに白状したのである。しかし、「謝罪」はしないという態度だった。

朝日新聞社が設置した「第三者委員会」（委員長は元名古屋高裁長官・中込秀樹）の報告によれ

ば——検証記事を載せるに際し、一面に「お詫び」を掲載する方針だったが、当時の社長・木《き》村伊量《むらただかず》がそれに反対したため、経営会議懇談会で謝罪しないことを決めたという。
この問題でいちばんのポイントとなるのは、三十年以上ものあいだ朝日新聞が垂れ流しつづけた虚報によって日本人がどれだけの恥辱《ちじょく》をこうむったか、ということだ。いまなおアメリカや韓国に慰安婦像が建てられつづけている忌々《ゆゆ》しき問題の根っこには朝日新聞のこの虚報が横たわっているのである。そこで結成されたのが「朝日新聞を糺《ただ》す国民会議」であった。渡部が議長に推され、次のような決議文を発表した。

朝日新聞は、日本軍の兵士が朝鮮人女性を「強制連行」し、「従軍慰安婦」にしたとの吉田清治「証言」を報道し、その嘘とねつ造が明らかになっても訂正謝罪することなく、三十年以上も放置して来ました。その結果、世界中の人々は、日本の兵士が、朝鮮人女性を「強制連行」し、「性奴隷」のごとく扱ったかのような認識とイメージを抱くようになりました。朝日新聞のねつ造報道によって、世界で最も軍律厳しく道義心の高かった皇軍兵士は、野蛮で残酷な誘拐犯や強姦魔のごとき犯罪者扱いをされたまま、日本人の名誉と誇りを傷つけられて来ました。
朝日新聞は、敗戦後、一貫して反日報道を続け、日本と日本国民を貶め、国内外に「日本」

「朝日新聞に対する集団訴訟」提訴！　記者会見〜司法記者クラブにて

と「日本人」の悪印象をばらまき続けて来ました。（中略）

貶められ辱められた先祖の名誉と誇りの為に、これからの日本の子孫の為に、共に起ち上がりましょう。……　（「朝日新聞を糺す国民会議」ホームページより）

この声明にたいしては一万人以上の署名が集まり、東京地裁に集団訴訟を起こしたものの、一六年七月、請求は棄却された。この判決を不服としてただちに控訴したことはいうまでもない。

「諸君！」七三年十一月号の「新聞の向上？」にはじまった朝日新聞との一連の戦いについて、『朝日新聞と私の40年戦争』はこう総括している。

私が論争の世界に入った頃、朝日新聞は圧倒的な権威であり、岩盤のような硬さと威厳を持っていました。その朝日新聞がようやく私の人生の終わり頃に〝夕日新聞〟になりかけていることが、誰の眼にも明らかになってきました。

（二ページ）

まったく、そのとおりである。朝日新聞のジパノフォビアに近い論調が世をおおい、それにさからえば論壇から抹殺されそうになった時代にも渡部は国益の立場から正論を吐きつづけ、朝日の反日的な紙面を槍玉に上げてきた。それがやっと奏功したというべきか、最近は〝朝日〟が〝夕日〟化していることは衆目の一致するところである。二〇一六年九月に発表されたＡＢＣ調査（新聞・雑誌の実売部数を調査する第三者機関のデータ）でも、朝日新聞の発行部数は一年間で約三三万部減って六四六万部となり、首位を走る読売新聞の八九六万部（一年間で約一四万部の減）に大きく水をあけられている。読者たちも、空想的平和主義に凝り固まった朝日的な姿勢では最近の東アジア情勢はとても乗り切れないことを敏感に察しているのである。

「マッカーサー証言」の伝道師

渡部の功績としては「マッカーサー証言」の普及も見落とすことはできない。この証言は、「昭和六年（一九三一年）の満洲事変から大東亜戦争にいたるまでの各種事変・戦争はすべて日本が東アジアおよび南方諸地域を支配しようとした侵略戦争であった。戦前の日本の行動はすべて〝悪〟であった」とする、いわゆる東京裁判史観へのアンチテーゼとしてじつに重要な意味を有しているからだ。

一九五〇年（昭和二十五年）に勃発した朝鮮戦争に際し、「核の使用」を主張したダグラス・マッカーサーは戦争のさなか、時の大統領ハリー・トルーマンからGHQ総司令官の任を解かれ、帰国後の五一年五月三日、米上院軍事外交合同委員会で次のような証言をしている。

> 日本には絹産業以外には、固有の産物はほとんど何も無いのです。彼らは綿が無い、羊毛が無い、石油の産出が無い、錫《すず》が無い、ゴムが無い。その他実に多くの原料が欠如してゐる。そしてそれら一切のものがアジアの海域には存在してゐたのです。
>
> もしこれらの原料の供給を断ち切られたら、一千万から一千二百万の失業者が発生するであらうことを彼らは恐れてゐました。したがつて彼らが戦争に飛び込んでいつた動機は、大部分が安全保障の必要に迫られてのことだつたのです。
>
> （講談社学術文庫『東京裁判 日本の弁明』五六四〜五六五ページ。傍点松崎）

渡部がこの証言を初めて知ったのは八五年（昭和六十年）ごろのことであった。「日本人が戦争に飛び込んでいった動機は大部分が安全保障の必要に迫られてのことだった」――言い換えるなら、日本人は侵略戦争をしたのではないという、この「マッカーサー証言」を知ってどれほど喜んだことだろう。

アメリカの上院というのは、日本の参議院などとちがって非常に権威ある議会である。それはアメリカの大統領候補がほとんど上院議員か州知事から出ていることからも明らかだろう。そんな上院で、聖書に手を載せ、宣誓したうえで述べた証言であるから、マッカーサーのこの言葉には重みがある。「追悼『知の巨人』渡部昇一」に収められた「敵将『マッカーサー証言』は重い」では、このときのことが以下のように記されている。

この証言について私が初めて耳にしたのは、松井石根《まついいわね》大将【南京攻略時の中支那方面軍司令官。東京裁判で死刑―松崎注】の秘書だった田中正明氏の「マッカーサーも日本の侵略戦争を否定している」という話だった。しかし、どこで読んだのかは覚えていないというので、調べたところ機密文書でも何でもない、『ニューヨーク・タイムズ』に証言の全文が掲載されているというのである。ところが私は専門家ではないから、わざわざアメリカまで探しに行くわけにもいかない。そこで、東京大学には新聞研究所もあることだから、東大教授の小堀桂一郎氏に頼んで探してもらった。小堀氏はさっそく記事を見つけ出し、コピーを送ってくれた。

私はその原文を雑誌『Voice』（ＰＨＰ刊）で発表した。これが広く日本人の目に触れた最初のケースだった。　（二一二ページ）

かくして渡部は、この「マッカーサー証言」を広めるべく精力的に動きはじめた。世には《息子を捧げた親もいるし、兄を捧げた弟妹も大勢いた。このマッカーサー証言が大々的に報道されていれば、そうした遺族たちはどれだけ救われた気持ちになったことだろう》（同誌二一三ページ）。そう、父や夫や息子や兄弟……の死は悪しき侵略戦争における犬死ではなかったのだ、という事実を伝えたい思いから、みずからこの証言の伝道師になることを買って出たのである。

本書の「プロローグ」でふれた徳間書店の〝年度版〟の口述取材でも、ほぼ毎年のようにこの証言に触れ、「またか、といわれるでしょうが、入れておきましょう。ここ（「マッカーサー証言」の傍点部分）は非常に重要ですから、英語の原文も載せておいてください」といって、'Their purpose, therefore, in going to war was largely dictated by security.と暗誦したものである。門前の小僧……で、いまではわたしまで暗記してしまった。

この証言を紹介しはじめたころ、当時は外務省にいた岡崎久彦（のちの外交評論家）もこれを知らず、資料の提供を依頼してきたという。だが、「またか」と思われるほど、あちこちのメディアで紹介しつづけたおかげで、いまではだいぶ世に浸透するようになった。現在は参議院議員を務めている山田宏も杉並区長時代、議場でこの「マッカーサー証言」を引用し、先の英文も読み上げたと聞いている。

「日本人は侵略戦争をしたのではない。大部分が安全保障上の必要に迫られて開戦に踏み切らざるをえなかったのである」という証言をここまで広めたのは渡部の大きな功績といわなければならない。

そして、この「マッカーサー証言」は東京裁判における東条英機の宣誓供述書の内容とも呼応すると指摘した。東条英機の供述とは次のようなものである。

一九四一年（昭和十六年）十二月八日に発生した戦争なるものは米国を欧州戦争に導入する為《た》めの連合国側の挑発に原因し我国の関する限りに於ては自衛戦として回避することを得ざりし戦争なることを確信するものであります。

（祥伝社刊『東條英機 歴史の証言～東京裁判宣誓供述書を読みとく』五二六ページ。傍点松崎）

たしかに、「安全保障上からの戦い」というマッカーサー証言と「自衛戦であった」という東条供述はピタリと重なる。そこから、『何が日本をおかしくしたのか』では次のような指摘をしている。

東京裁判は、裁判という形を借りた卑劣な復讐劇であったわけだが、この裁判を推進したマッカーサーは、後になって「あのような裁判はやるべきではなかった」と気づいた。（中略）東京裁判の中心人物であったマッカーサーが、アメリカ上院で「日本の戦争は自衛のため、生存のためであった」と証言し、東京裁判を誤りであったと考えるようになった事実が、日本人にとってどれだけ重要な意味を持つかは、今さら言うまでもない。（一六～一八ページ）

だが、マッカーサーが「東京裁判を誤りであったと考えるようになった」という断定は首肯できるものだろうか？

○

米上院軍事外交合同委員会でマッカーサーが、《太平洋において米国が過去百年に犯した最大の政治的過ちは共産主義者を中国において強大にさせたことだと私は考える》（『東京裁判 日本の弁明』五六二ページ）として祖国の誤りを指摘したのは事実である。

しかし、「東京裁判は誤りであった」とまではいっていない。翌五二年の大統領選出馬を見据えていたかれにすれば、そんなことは口が裂けてもいえなかったであろう（結局、五二年の大統領選には出馬できず、ドワイト・アイゼンハワーが当選を果たした）。

また、今回、この証言の英語原文を探したところ、「マッカーサー証言」の議題（テーマ）は朝鮮戦争下の「赤化シナ（原文は、Red China）の封じ込め」であったことを知った。すなわち、先の大戦で日本を「自衛戦」に追い込んだように、そのように中国を封じ込めば、朝鮮戦争においても「赤化シナ」はわれわれに屈服するであろうと証言していたのだ。文脈からいえば、マッカーサーは封じ込められた日本の開戦理由を認めたのではなく、日本を封じ込めたみずからの手法を自讃していたことになる。

以上の理由から、わたしはマッカーサーが「東京裁判を誤りであったと考えるようになった」とするのはオーバーランであろうと考える。だが、それはけっして「日本人が戦争に飛び込んでいった動機は大部分が安全保障上の必要に迫られてのことだった」という「マッカーサー証言」を伝道しつづけた渡部の功績を減じるものではない。

戦前の日本が悪しき侵略戦争をしたのか、欧米諸国と同じふつうの戦争をしたのか――このふたつの認識のあいだには天と地ほどの懸隔がある。前者の見方が圧倒的に強かった時代に、渡部が後者、「戦前の日本は安全保障上の必要から、やむをえず立ち上がったのである」という史観を流布しつづけたのはまさに日本人としての誇りからであり、それは同時に「侵略国」という汚名をそそぎ、国益を守ろうとすることでもあった。

尊皇の士

皇室問題が俎上にのぼるようになったのは二十一世紀に入ったあたりからだ。男子皇族が少ないことから、男系男子による皇位継承が危惧されるようになったためである。そこで当時の小泉（純一郎）内閣は〇五年一月、首相の私的諮問機関として「皇室典範に関する有識者会議」（座長は元東京大学総長・吉川弘之）をスタートさせた。その有識者会議がこれまでの皇位継承に例のない女系天皇まで容認する方針を打ち出したのはその年の十月であった。

(1)女性天皇を認める。
(2)それのみならず、女性天皇の子孫が皇位に就く「女系天皇」も容認する。
(3)皇位継承順位は「長子優先」に変更する。
(4)女性宮家も認める。

この答申は、それまで連綿とつづいてきた「男系男子による皇位継承」という皇室伝統を根底からくつがえす結論だった。

そんな異例の答申にたいして、皇室典範の改正阻止をめざす動きがいくつもみられた。国会内には平沼赳夫を中心とする大きなグループができ、保守系の文化人たちは「皇室典範を考える会」を組織して渡部昇一がその代表に納まった。

ここで簡単に「女性天皇」と「女系天皇」の区別についてふれておけば――「女性天皇」と

いうのは、文字どおり女性の天皇である。男系男子の天皇の女子で、前例がないわけではない。推古天皇以下、八名十代を数えるが、いずれも次の男系男子天皇が出るまでの〝短期リリーフ〟であった（八名全員、即位時には配偶者がいなかったから女系継承がおこなわれることはなかった）。ところが、「女系天皇」というのは女性天皇の子が皇位に即《つ》くことである。男系男子が皇位を継承してきたわが国においては、もちろん前例はない。そんな「女系天皇」まで認めようというのが有識者会議の結論だった。神武天皇以来、百二十五代つづいてきた伝統を完全にくつがえすものであった。

では、なぜ「男系男子による皇位継承」でなければならないのか？　この点にかんしては、『「反日」を拒絶できる日本』で次のように解説している。

皇位継承は――わかりやすくいえば「種」と「畑」は違いますよ、という原理のもとで行われてきました。畏《おそ》れ多い比喩《ひゆ》ですが、皇統は「畑」（女性）ではなく「種」（男性）によって維持されてきたのです。

日本は農業国でしたから農耕のイメージで考えたのだと思います。「種」は畑に植えても田んぼに植えても何ら変りがありません。それがどんな畑であれ、稲を植えれば稲が育ちます。したがって種には永続性ないし連続性がイメージされることになります。

ところが「畑」は違います。稲を植えれば稲が生《は》えてくるけれども、粟《あわ》を植えれば粟が生えてしまいます。麦を植えれば麦、稗《ひえ》を植えれば稗が生えてくる。永続性ないし連続性は崩れてしまいます。これでは、とてもではないけれども系統概念にはなりえません。

そのため、皇室では「畑」より「種」が重視されてきたというわけです。

男系継承というのは「種」を重視する思想であり、つまりは連続性を重んじる考え方です。それに対して女系とは「畑」を重視する思想ですから、連続性よりも相続を重んじる考え方になります。

皇室の伝統は、「種」こそかけがえのないものとしてきました。だから、皇統断絶の危機があったときは、たとえそれが遠い血縁であろうとも、血統の連続性を求めてきました。よく引かれるケースは【皇子女《おうじじょ》のなかった—松崎注】第二十五代・武烈天皇から第二十六代・継体天皇への皇位継承です。

（六〇〜六一ページ）

武烈天皇からみれば、継体天皇は高祖父（祖父母の祖父だから「ひいひいお祖父《じい》さん」）の玄孫《げんそん》（孫の孫である「やしゃご」）に当たるから、十親等も離れた遠戚《えんせき》である。そうまでしても「種」を重視したのが皇室の伝統であった。

そうした伝統に反する有識者会議の結論にたいし、渡部を代表とする「皇室典範を考える会」

は反対の声を上げたのだ。

そんな矢先の翌年二月、秋篠宮妃殿下のご懐妊が発表され、九月には悠仁《ひさひと》親王のご生誕となったのは周知のとおりである。《まさに神慮というべきでしょう。（中略）このおめでたいニュースを耳にしたとき私がいだいたのは、まことに天の配剤であるという感想でした》（同書一一ページ）と、寿《ことほ》いでいる。

もっとも、側室制度のない現代では「男系男子による皇位継承」がやがて行き詰まる惧れは否定できない。まだかなり先の話だとはいえ、現・皇太子殿下→悠仁親王というバトン・タッチのその先は見通せないのが現状である。そうしたなか、渡部が「あまりに拙速な女性天皇容認論」（「WiLL」〇六年一月号）で提唱したのが次の二点であった。

(1)天皇の血統を引いた男子を男子のいない宮家の養子にする。現在の皇室典範では養子は認められていないが、この点を改正すれば皇室の藩屏《はんぺい》ができ、皇統は安定する。

(2)側室制度に替わるものとして科学の力を活用する。すなわち、人工授精を積極的に導入すること。

渡部の言説からはつねに、あらゆる知恵を絞って皇室伝統を守っていかなければならないという思いが伝わってきたものである。

○

一六年（平成二十八年）七月、今上天皇《きんじょうてんのう》が突如「生前退位」を希望され、八月八日にはビデオ・メッセージで語りかけられたことは国民に大きな驚きを与えた。メッセージの要点は以下のようにまとめられる。

(1)八十歳を超え、体力面などに制約を覚えるようになったため、これまでのように全身全霊をもって象徴の務めを果たしていくことがむずかしくなると案じている。

(2)そのばあいには摂政を置くことも考えられるが、それでは天皇が十分に務めを果たせぬまま、生涯の終わりまで天皇でありつづけることになる。

(3)そうなると、天皇が健康を損ない、深刻な状態に立ちいたったばあい、社会が停滞し、国民の暮らしにもさまざまな影響が及ぶことが懸念される。そんな事態を避けることはできないものだろうかとの思いが胸に去来する。

これを要するに――「高齢化により天皇の務めを果たしていく自信がないから譲位したい。ただし、摂政を置くことは望ましくない」というご意思であった。それを受けて政府は「天皇の公務の負担軽減等に関する有識者会議」（座長は経団連名誉会長・今井敬《いまいたかし》）を設けた。渡部はこの有識者会議の求めに応じて、十一月十四日のヒアリングに出席し、「生前退位には反対」という意見を開陳している。

その全文は首相官邸のホームページに掲載されているが、ヒアリングに先だって産経新聞（八月十三日付）に発表された談話と同じ趣旨なので、そちらの要点をまとめておこう。

天皇陛下は本当にご誠実なお方だ。被災地をお見舞いにいらっしゃるとき、腰をかがめ、ひざまずいてお話になる。そうした陛下の優しいお気持ち、誠意のあるお姿は、国民にとって大変ありがたいものだ。

しかし、私としては、陛下が国民のためにお祈りし続けてくださるだけで、天皇の象徴としての役割は十分に果たせるのではないかと思う。国民、そして国のためにお祈りすること、つまり祭祀が象徴天皇の中心的な役割であり、災害のたびに国民の中に自ら降りていくということは、本来その姿ではない。

私は改めて、摂政を置くことをご進言申し上げたい。皇太子殿下に摂政となっていただき、公務に出ていただくということでよいのではないか。天皇陛下にはゆっくりとお休みになっていただきたい。

日本の皇室の継承にとって最も重要なことは、男系男子による皇位継承である。男系をたどれば、神武天皇に行き着く。このような皇室の歴史を、何の問題もなく継続させることができるのが、摂政という制度である。改元も不要だ。

ヒアリングでは明治天皇の御製《ぎょせい》《民のため　心のやすむ　時ぞなき　身は九重《ここのえ》の　内にありても》を挙げ、とにかく「国の安寧と国民のために祈る」という天皇像を強調したのである。

ところが、五月二十一日付の「毎日新聞」には「専門家『祈っているだけでよい』／陛下議論受け『ショック』」という記事が載った。その骨子は――、

(1)保守系の専門家の「天皇は祈っているだけでよい」という意見に、陛下が「ヒアリングで批判をされたことがショックだ」との強い不満を洩らされた。

(2)有識者会議の議論が「一代限りの退位実現」という方向で進んでいることについても、「一代限りでは自分のわがままと思われるのでよくない。制度化でなければならない」と語られた。

(3)陛下の生き方を「全否定する内容」（宮内庁幹部）だったため、陛下は強い不満を覚えられた。それを受け、宮内庁は陛下の考えを首相官邸に伝えた。

もっとも、この報道があった翌日の定例会見で宮内庁次長・西村泰彦は「そうした事実はない」と毎日新聞の記事を全面的に否定している。この時点ですでに渡部は簀《さく》を易《か》えているので、いかなる反応も示すことはできないわけだが、ごくふつうに考えて、憲法に抵触しないように細心の注意を払われている天皇がそのような発言をなさるだろうか？

しかも、「国の安寧《あんねい》と国民のために祈る」というのはきわめて正統的な天皇像である。前章

の「神は上《かみ》か」論争にみるように、天皇は古代神話に登場する神々の直系の子孫という意味では「神」とされたが、しかしそれは天地創造をおこなったとされるキリスト教的な「ゴッド」ではない。元来の天皇の地位は祭祀者である。西洋的にいうならば「祭祀王《プリースト・キング》」ということになる。じっさい、天皇の主要な祭祀は元旦の四方拝《しほうはい》にはじまり、春秋の皇霊祭、新嘗祭《にいなめさい》などを経て、国民のためのお祓《はら》いの行事である大祓《おおはらい》まで、じつに二十四回を数える（宮内庁のホームページ「主要祭儀一覧」参照）。「陛下が国民のためにお祈りし続けてくださるだけで、天皇の象徴としての役割は十分に果たせる」とした渡部や東京大学名誉教授・平川祐弘《ひらかわすけひろ》のヒアリングにおける陳述に「ショックを受ける」というようなことはとても考えられない。その意味で、毎日新聞の報道は、二〇一六年の米大統領選以来なにかと話題にされることの多い「フェイク（偽）・ニュース」の一種と考えるのが自然ではないだろうか。

　そんな妙な飛び入りがあったが、天皇の退位を一代限りで実現する特例法は一七年六月九日に成立した。それによって、いまは次のようなスケジュールが検討されている。

・一八年（平成三十年）十二月下旬（ないし一九年三月末）に今上天皇の退位と新天皇の即位を実現する。
・一九年元日（ないし四月一日）に元号を改める。

天皇の退位となれば江戸時代後期の光格天皇以来であるから、なんと約二百年ぶりのことになる。

このように皇室に強い関心を寄せてきた理由について、『「反日」を拒絶できる日本』ではこんなエピソードを記している。

○

私が日本の皇室を強く意識したのは、いまから半世紀前の一九五五年（昭和三十年）にドイツへ留学したときです。（中略）ある日、さる家庭に招待されて話をしていると、こう訊かれました。――「たしか日本には『テンノー』という元首がいたはずですが、敗戦後はどうなりましたか」。その問いに、天皇陛下は現在でもお変りなく在位していらっしゃいますと答えると、相手は非常に驚いていたものです。

というのも西洋では、戦争や革命によって敗れた皇帝や王は殺されたり追放されたりするのが常識だったからです。（中略）

日本では、敗戦後も「テンノー」が変らずに在位していると聞いて、彼らドイツ人は、日本人はなんと信義に厚い国民なのかと感動していました。

（三〇〜三一ページ）

もちろん、皇室の存続が平坦な道だったわけではない。そのため、皇室を語るとき、渡部はしばしばローマ教皇庁を引き合いに出した。双方ともに二千年の歴史をもち、南北朝やアヴィニヨン捕囚（ともに十四世紀）などの混乱を乗り越え、現代にまでもちこたえている点が共通しているからだ。「教皇庁は山あり谷ありの難路を駆け抜けてきた乗馬の達人のようなものである」という趣旨のG・K・チェスタトンの言葉を引き、「わが皇室もそれに似たところがあります」と指摘したのが印象に残っている。

ちなみに、チェスタトンの言葉の原典は『正統とは何か』（春秋社、安西徹雄訳）の次の一節である。

正統は、いわば荒れ狂って疾走する馬を御す人の平衡だったのだ。（中略）教会は右に左に身をかわした。巨大な障害を避けるために、実に正確に手綱をさばいた。一方には、キリストの神性を否定するアリウス派が、見上げるばかりの壁となって行手をふさぎ、あらゆる世俗の勢力の後楯をかさに着て、キリスト教を世俗化しようと待ちかまえていた。教会はみごとにこれを切り抜けた。だがすぐ次の瞬間には、東洋的な神秘主義が行手に現われて、キリスト教を現世からまったくかけ離れたものにしようと道をふさぐ。教会はまたしてもみごとに身をかわす。……（一八〇ページ）

皇室も同じように、山あり谷ありの難路のなか、目もくらむような冒険をつづけてきたといっていい。そして、神武天皇以来百二十五代にわたり男系男子による皇位継承が今日《こんにち》までつづいてきた。それが「皇室は日本人の総本家である」という意識を国民に与えている、というのが渡部の見方であった。皇室を敬《うやま》い、天皇を崇める日本人の気持ちの淵源はそこにある、と。

たしかに、皇室を嫌っている国民もいるだろう。一七年（平成二十九年）六月の衆議院憲法審査会で、民進党の辻元清美は過去に「皇室は生理的にいやだ」などと批判していたことを認めた。六月八日付の産経新聞によれば、一九八七年（昭和六十二年）刊行の『清美するで‼新人類が船を出す！』（第三書館）のなかで、《生理的にいやだと思わない？　ああいう人達というか、ああいうシステム、ああいう一族がいる近くで空気を吸いたくない》《天皇っていうのも、日本がいやだというひとつの理由でしょ》と記していたという。

だが、彼女のような日本人は例外というべきである。ＮＨＫ「放送文化研究所」が五年ごとに実施している国民意識調査の最新データ（二〇一三年／平成二十五年）によれば、次のようなアンケート結果が出ている。

・天皇陛下に尊敬の念を持っている　34％
・好感を持っている　35％
・特に何とも感じない　28％

・反感を持っている　1％

辻元清美のように皇室を嫌悪する日本人は一パーセントにすぎないのである。「尊敬の念」と「好感」を合わせれば六九パーセント。天皇および皇室は国民の多くから敬われ、慕われているといっていい。

そうした好感度調査だけでなく、近い歴史を振り返ってみても、もし天皇という存在がなかったら日本は危殆《きたい》に瀕していただろう……と思わせる事態が少なくとも二回ある。

一回目は、薩長連合軍と幕府軍が対立した幕末である。西郷隆盛を筆頭とする倒幕派が明治天皇を「錦の御旗《みはた》」として担いでいなかったら、血で血を洗う内乱は果てしなくつづいたにちがいない。幼いながらも「天皇」という存在が凄惨な内乱を回避させたということができよう。

もう一回は、昭和二十年、日本が「ポツダム宣言」を突きつけられたときだ。当時の閣僚の意見は「受諾派」と「拒否派」で真っ二つに割れた。八月十日の昭和天皇の「ご聖断」によって受諾が決まったものの、あのときもしも「天皇」という存在がなかったら〝決められない会議〟はダラダラとつづき、アメリカ軍の猛攻は止むことなく、わが国の被害は想像を絶するほど悲惨なものになっていただろう。

原発興国論をめぐって

二〇一一年（平成二十三年）三月十一日の東日本大震災にともない、東京電力福島第一原子力発電所の事故（のちにメルトダウンであったことが判明）で十万人を超す福島県民が避難を余儀なくされたとき、国民のあいだには一気に原発アレルギーや放射能恐怖症が広がった。余震がつづくなか、三月十二日に1号機、十四日に3号機、十五日に4号機と、原子力発電所の建屋《たてや》が爆発するたびに背筋が寒くなる思いをしながら、わたしは毎日のように東京・日野市の有志が発表していた放射線量をチェックし、そして原子力発電にかんする本を数冊、読み漁った。菅（直人）政府は「ただちに人体や健康に影響を及ぼす数値ではありません」という広報をくりかえしたが、不安は消えなかった。東北や関東に住む多くの人はわたしと同じような思いをしたのではないだろうか。

そんななか、「WiLL」の一二年四月号に発表されたのが渡部の「原発興国論」であった。その論考は間を置かずに加筆され、『原発は、明るい未来の道筋をつくる！』（WAC）と題する小冊子として刊行された。世をおおう放射能ヒステリーと風評被害を払拭しようという提言の書であった。駆け足でその中身を紹介しておこう。

(1)世に広まる放射能恐怖症にかんして、最初に「はてな？」と思ったのは大学時代のことであった。寮に広島で被爆した学生がいたが、体調不良を訴えることはなかった。では、世で怖れられる放射線被害はいったいどうなっているのだろう？　これが「はてな？」のはじまりだった。

(2)年来の疑問を解消してくれたのは、二十年以上もチェルノブイリ原発事故（一九八六年四月）の追跡調査をしている「日本財団」のデータだった。それによれば、事故後、白血病による死者はただひとりだけだという。

(3)さらに、長いあいだＮＡＳＡ（アメリカ航空宇宙局）のアポロ計画に関係してきたトーマス・ラッキー（理学博士）が「低線量の放射線はかえって体によい」と主張していることを知った。それは「放射線ホルミシス効果」と名づけられ、現在では世界中にその学会がある。

(4)では、どうして放射線を過剰に怖れるようになったのか？　すべての誤解の源はアメリカの遺伝学者ハーマン・マラーの実験にあった。かれはショウジョウバエのオスにＸ線を当てると奇形が生じ、それには遺伝性があることを発見し、その業績によってノーベル生理学・医学賞を与えられた。それがたまたま広島・長崎に原爆が投下された翌年（一九四六年）のことであったから、「放射線は生体に有害である」という〝信仰〟がまたたく間に世界中に広まったのである。

ところが、マラーの実験には致命的な欠陥があった。多くの動物はＤＮＡを傷つけられてもそれを修復する酵素をもっているが、稀にそうした酵素を欠く動物がいる。それがショウジョウバエのオスであった。マラーがマウスを実験動物に選んでいたら別の結果が観察されたにちがいない。

(5)広島・長崎の原爆被爆者の調査によると——被爆後のがん発生率は、毎時五十ミリシーベルト以上の被爆のばあいは被爆量に比例して増加するが、毎時二十ミリシーベルト以下であったら、増加が認められないどころか、むしろ一般の人より低いという。《放射線はある数値以上はガンを発生させるが、ある数値以下ではガンを減少させる》(三九ページ)ことがわかったという。それゆえ、オックスフォード大学名誉教授で、『放射能と理性』(徳間書店)の著者ウェード・アリソンは講演で「いま福島で起こっている問題は被曝自体ではなく、被曝への恐怖である」と喝破した。

(6)以上のようにみてくれれば、日本中に広がる原発アレルギーがいかに根拠のないものであるかが知れるであろう。《福島の東電第一原発【事故—松崎注】でも、地震ではなく津波【による全交流電源の喪失—松崎注】が原因とされているのだから、津波への対策強化と、さらなる原発の安全強化の指示で十分だったのである》(四七ページ)という結論が導き出される。

(7)「脱原発」の道は国を滅ぼす。電気料金は上がりつづけ、それはやがて産業空洞化につながるからだ。

こうした主張は徳間書店の〝年度版〟の取材のときも展開された。二〇一二年の取材の席では、以下のような体験談も聞いた。

――日本でも低線量の放射線を使った医療が普及している。そこで、市ヶ谷にある「健康増進クリニック」で全身温熱放射線ホルミシス療法を受けてみた。放射線からラドンを出すために高温多湿にした小さい部屋に一時間ぐらい入る療法だが、それを受けたら花粉症の症状が消えた。例年であれば桜の時期は鼻水タラタラ、涙ポロポロなのに、今年はそれがピタリと治まった、と。

放射能恐怖症の蒙《もう》を啓《ひら》く小冊子『原発は、明るい未来の道筋をつくる！』は、つねに物事のプラス面を見ようとする渡部昇一ならではの書であった。世に垂れ込める暗雲が誤解にもとづくものであれば、それを正す。そして過剰な身構えをしている人びとの硬直をほぐすというのが渡部昇一の流儀であった。

その一例を挙げよう。

「東京アンサンブルギルド」を主催する長男・玄一は、東日本大震災が起こった年の三月十六日に小さなコンサートを企画していた。だが、十一日に震災が発生したため、その翌日から予約のキャンセルが相次いだという。《福島原発が水素爆発を起こし、放射能が広まっているという噂もある。あらゆる興行はキャンセルになっていった》（渡部玄一『ワタナベ家のちょっと過剰な人びと』一六五ページ）。いつ停電するかわからない。どうしたものかと迷っていると――、

「玄一。コンサートはどうするんだ？」と【父が―松崎注】聞いてきたので、

「やりたいけれど、停電がねえ」と答えると、

「今度のお客さんは幸せだねえ。もし停電になったら真っ暗闇で音楽を聴くという、得難い経験ができるんだなあ」と言った。

その時、私は決行を決心した。

（一六六～一六七ページ。一部、行を詰めた）


ふたりの表情が目に浮かぶような親子の会話であり、また渡部のいつに変わらぬ前向きの姿勢がよくうかがえる発言である。

○

『原発は、明るい未来の道筋をつくる！』や市ヶ谷のホルミシス療法の体験談などから、放射線を過剰に怖れることの愚を悟ったが、しかしわたしはまだ原子力発電の積極的利用には不安を感じている。その理由は、拙著『〈語る人〉吉本隆明の一念』（光文社）に記したように――本来、安定している原子核の安定性を崩してえられる膨大な核エネルギーは、そもそも自然界には存在しないものだからだ。それだけに、いったん暴走をはじめたら人間の手では止めようがないのではないか……。

以下、わたしは次のようにつづけた。

福島原発事故をめぐって、多くの日本人が頭ではなく臓腑のなかで〈恐れ〉を感知したのは――広島・長崎後の日本人の過剰な核アレルギーもあるだろうが――おそらく「核エネルギーは元来、自然界には存在しない」ということに本能的に慄《おのの》いたからではないだろうか。（中略）事故半年後の日本経済新聞紙上で【詩人評論家・吉本隆明の―松崎注】「原発をやめる、という選択は考えられない。それは、人類をやめろ、というのと同じです」という記事に接したわたしは、吉本の発言に違和感をもった。たしかに、「いったん発達した科学を後戻りさせる選択肢はない」というのは科学の大原則ではあるだろうが、それとこれ（自然界には存在しない核エネルギー）とはちょっと話がちがうのではないかと感じたからである。

（二三九ページ）

この見方はいまも変わっていない。

また、よく指摘されるように、核廃棄物の処理法もまだ決まっていないのだ。「トイレのないマンション」の状態はいまなおつづいているのである。

さらに付け加えれば、電力会社の体質もさほど変わっているようにはみえない。福島第一原発事故のときは所長・吉田昌郎《よしだまさお》たちの決死的な奮闘（ＰＨＰ研究所刊、門田隆将『死の淵を見た男〜吉田昌郎と福島第一原発の五〇〇日』など参照）によって、かろうじて最悪の事態を免れたが、今後、万が一の事故が発生したとき、いつでもかれらのような踏ん張りを期待できるだろうか？

第九章　実りある日々

持続する志

ラテン語の警句や諺《ことわざ》の暗記をはじめたのは一九九〇年（平成二年）あたりのことだろうか。いうまでもなく、記憶力の低下を防ごうと考えたのである。

最初にとりかかったのは、研究社の『大英和辞典』の巻末にある英語以外の名句集だった。「英語以外」といっても、大部分はラテン語であるが、そのページをコピーして暗記をはじめたところ間もなく終ってしまった。

どのようにして暗記時間をつくったかといえば、自宅から上智大学までタクシーを利用することにしたのである。そのころ、《タクシー代は大学まで約一時間で六千円前後。でも、いまどき家庭教師を頼めば中学生でも一時間一万円ぐらいかかります。大学までのタクシー代をラテン語の家庭教師代と思えばけっして高くはありません》（『知的読書の技術』一八四ページ）と述懐している。

研究社の『大英和辞典』を終えると、次は武市春男《たけちはるお》『イギリスの法律格言』（国元書房）にとりかかった。これもコピーして暗記をはじめたが、「ラテン語の暗記はタクシーのなかでだけ」と決めていたため、これには三、四年かかったという。一回終えると、もう一回挑戦。二度目ともなるとスピードが上がり、三年足らずで終えている。

次はいよいよ田中秀央《たなかひでなか》／落合太郎編『ギリシア・ラテン語引用語辞典』の増補版（岩波書店）に挑んだ。ラテン語の部分だけで九百ページ近い大冊であるが、これも二度クリアしている。

ちなみに、このラテン語の暗記から生まれたのが月刊「ＰＬＡＹＢＯＹ」の九九年八月号から〇三年九月号まで連載された『ローマ人の知恵』である。冒頭に、気に入っているラテン語の名句をかかげ、その言葉にまつわる歴史エッセイ、人生論、教育論などを展開する趣向というであった。

ともかく、渡部は一度手をつけたら、なにがなんでもやり遂げるという人であった。それは長男・玄一に縄跳びの日課を義務づけた前述のエピソードからもうかがえよう。玄一は書いている。

小学校六年生の時の漢字、中学生になってからは英語の例文暗記など、父は当時、私に必

ず日課を課してきた。／そしてその一番の特徴は、何をやらせるかではなく、始めたら「毎日必ず例外なく」であった。（中略）
「毎日必ず」は、その人を根本的に変える力を持つ。天才でない人も天才と同じことができるようになる。
「毎日必ず」を続けて、ある日振り返ると、まるで違う人生のステージにいることを感じることができる。それは確かなことだ。（『ワタナベ家のちょっと過剰な人びと』五八〜六〇ページ）

息子に「毎日必ず例外なく」を課しておいて、父がそれを実行しないはずがない。ラテン語の警句や諺の暗記もタクシーに乗れば「必ず例外なく」であったことだろう。

○

こうした持続する志は静岡県伊東市にある断食道場通いにもみられた。

夫妻は年に一、二度、医師・石原結實《いしはらゆうみ》が経営する「ヒポクラティック・サナトリウム」の断食道場に入るのを決まりにしていた。伊東市の高原にある施設で、伊東駅からはタクシーで二十分ほどの距離にある。「ニンジン・ジュース断食や玄米食などで健康を増進する保養所（サナトリウム）」というのがここの謳い文句だ。

渡部はふだん、胴囲（ウエスト）は一メートル以上あっただろう。完全な「メタボ」である。

それに、九五、六年ごろはちょっと顔がむくんでいたこともあったため、元東京都知事の石原慎太郎からこの断食道場を紹介され、それから通うようになったと聞いた。

ここでの一日のスケジュールは――、

・午前八時　ニンジン・ジュースをコップに三杯。
・同十時　味噌汁（具なし）を茶碗に一杯。
・午後十二時　ニンジン・ジュースをコップに三杯。
・同三時　ショウガ湯をコップに一杯。
・同五時四十五分　ニンジン・ジュースをコップに三杯。

これ以外の時間は自由に本を読んだり、音楽を聞いたり、あるいはサナトリウムの周辺を散歩したり、近くの森のなかに入ったり……と、思い思いにすごす。したがって、ふだんは多忙な渡部にもかなりの時間的余裕ができた。そこで、「空き時間をテープどりに充てましょう」といわれ、わたしは二度、このサナトリウムを訪れている。

最初のとき、取材場所にするレストランに向かいながら、こんなレクチャーをしてくれた。

――「ニンジン・ジュースで断食をすると、体臭が強くなって、息もほんとうに臭くなるんです。目やにが出たり、おしっこも濃くなったりする。それは体に溜め込んだ老廃物が体外に出ている証拠なんです。便も黒っぽくなってくる。それを一週間ぐらいつづけていると、体もすっかりリフレッシュされるというわけです。そうそう、小雪という女優さんはご存じですか？きれいな人ですナ。あの方もいま断食をやられていますと、たしかそんな話だったと記憶している。

実りある日々

九〇年代以降は、渡部の人生にとって実りある歳月だった。

巻末の「略年譜」をみてもわかるように、九〇年（平成二年）には『イギリス国学史』（研究社）を刊行し、全三巻の『「日本楽府」を読む』の刊行もはじまっている。

九三年には「イギリス国学協会」の会長に就任している。

ミュンスター大学から名誉博士号（Dr.Phil.h.c.）を授与されたのは翌九四年であった。欧米人以外では初めての栄誉だった。「名誉博士」というと名誉教授にも似て、形式的なものと思われがちだが、けっしてそんなものではないという。「名誉博士号というのは博士号なんかよりもはるかにはるかに格上ですから、めったにもらえるものではないんです」と語っていた。『ハイエク～マルクス主義を殺した哲人』には、《ドイツ人と名刺を交わしたときのことですが、ドイツの名誉博士という肩書きを見て、相手が非常に驚き、態度が変わりました》（一六五ページ）というエピソードも記されている。

その翌年（九五年）、定年となり、同時に文学部英文学科特遇教授に就任した。するとそれを待ち構えていたかのように、サザビーズのオークションに一四八三年版のチョーサー『カンタベリー物語』が出た。かねてからほしいと思っていた本だったので迷わず入札に参加し、退職金のほぼ全額（三千五百万円前後）をはたいて落札したというのは有名な話である。それがGeoffrey Chaucer. *The Canterbury Tale.* Caxton's Chaucer. Second ed. A third copy. 1483.である。ついでに記しておけば、右に名の出ている出版者のCaxtonは初めてイギリスに印刷術を伝えた人物で、このキャクストン版の『カンタベリー物語』は世界でも十二冊しか存在が確認されていないという稀覯本である。

○

この『カンタベリー物語』やダーウィン『種の起源』の初版本など、所蔵洋書九六七八点の書誌記録*Bibliotheca Philologica Watanabeiensis*.を出版したのは二〇〇一年（平成十三年）、古稀の年であった。同時に、「渡部昇一先生古稀記念論文集」と銘打った『フィロロギア』も刊行され、この年の退職および名誉教授就任に花を添えた。

「退職と出版を祝う会」が「ホテル・ニューオータニ」で開かれたのは〇一年十一月十九日のことであった。わたしは当時の集英社インターナショナル社長・島地勝彦やビジネス社社長・岩崎旭などと同じテーブルに就いたが、みな一様に、A４菊版（約三〇センチ×二〇センチ）の

Bibliotheca Philologica Watanabeiensis. のボリュームとゴージャスさに喚声を上げていた。石原慎太郎から祝福を受けた渡部もじつに満足そうな表情を浮かべていたのを思い出す。

『渡部昇一　青春の読書』にはこうある。

蔵書のカタログを作るように雄松堂の新田満夫社長に勧められ、彼のご推薦の植田覚先生のお力を得て【渡部家の洋書を一冊ずつ調べ上げ、その書誌をつくる仕事—松崎注】、それを完成することができた。(中略)

このカタログを雄松堂書店から送られたケンブリッジ大学のパーカー図書館長のド・ハメル博士から、新田氏に手紙が来た。そのなかに、「この蔵書は私が知るイギリスのいかなる個人蔵書《プライベートライブラリ》よりも英語文献について総合的である」という主旨の言葉があった。ド・ハメル博士はオックスフォードで学位を得、サザビーズの古書鑑定の仕事をし、いまはケンブリッジの他にオックスフォードでも古文書関係の講座を持っているイギリス第一の書物通である。

その人にこう褒められては感激する他ない。

(五九〇～五九一ページ)

じっさい、渡部の蔵書は世界的にも知られていた。「しかるべき蔵書を有していること」を入会条件とする「国際ビブリオフィル協会」のメンバーとして、夫人同伴で毎年のように世界大会に出席していた時期もある。

国内にも「日本ビブリオフィル協会」がつくられ、渡部がその会長に就任したのは九九年のことであった。そして、二〇一一年三月、東日本大震災が発生し、東京電力の福島第一原発がメルトダウンすると、その七月、日本ビブリオフィル協会の総会をあえて福島県で開いている。そこには、たまたまスイスから帰国していた孫娘（長女・真子の娘）を帯同した。適度な放射線はかえって健康にいいという「ホルミシス効果」を信じていたからである。

日本人の必読文献

レジナルド・ジョンストン『完訳 紫禁城の黄昏』（祥伝社）と現代語訳『全文 リットン報告書』（ビジネス社）を監修し、『東條英機 歴史の証言』（祥伝社）を刊行したのは〇五年（平成十七年）から翌年にかけてのことであった。

簡単にこれら三作の意義にふれておこう。

〇

ジョンストンの『紫禁城の黄昏』はそれ以前にも岩波文庫から翻訳が出ていた。八九年に刊行された入江曜子／春名徹の共訳である。ところが、この岩波文庫版は原書の第一章から第十章までと第十六章、それに序章の一部をカットした欠陥本だったのである。それを省略した理由について、訳者たちはそこが《主観的な色彩の強い前史的部分》（五〇四ページ）だからと説明していた。

清朝を建国したのが満洲族であることの、どこが主観的なのか。第十六章は満洲人の王朝の皇帝が、父祖の地にもどる可能性について、当時どのような報道や、記録があったかの第一級資料である。（中略）

つまり岩波文庫訳は、中華人民共和国の国益、あるいは建て前に反しないようにという配慮から、重要部分を勝手に削除した非良心的な刊本であり、岩波文庫の名誉を害するものであると言ってよい。

（『完訳　紫禁城の黄昏』上、九～一〇ページ、「監修者まえがき」より）

たとえば、岩波文庫版は以下のような重要な「著者注」もカットしている。――日本はヨーロッパ同様、国名を名乗るが、《それは日本にはひとつの王朝【皇室―松崎注】しかないという単純な理由からである》。しかし、中国は元（モンゴル人）、明（漢民族）、清（満洲族）といったぐあいに王朝も民族も替わるから、《シナの用いる用語は王朝名であり、「中国」ではなく「大清国」である》（ともに上、三九六～三九七ページ）。

このように、北京政府にとって都合の悪い箇所も正しく甦らせた中山理《なかやまおさむ》（麗澤大学学長）の『完訳』本の価値はきわめて大きいといわなければならない。じっさい、そのなかには満洲国を「日本の傀儡《かいらい》国家」とする見方を否定する重要な一節も見られるのである。

シナ人は、日本人が皇帝【溥儀《ふぎ》—松崎注】を誘拐し、その意思に反して【満洲へ—松崎注】連れ去ったように見せかけようと躍起になっていた。その誘拐説はヨーロッパ人の間でも広く流布していて、それを信じる者も大勢いた。だが、それは真っ赤な嘘である。（中略）

皇帝は本人の自由意思で天津を去り満洲へ向かったのであり、その旅の忠実な道づれは鄭《てい》孝胥《こうしょ》（現在の国務総理）と息子の鄭垂だけであった。（下、三九三〜三九四ページ）

著者ジョンストンはイギリス人のシナ学者で、皇帝・溥儀の信任篤い個人教師であったから、この『紫禁城の黄昏』は満洲をめぐる第一級の史料といってよいのである。

○

リットン報告書というと、満洲事変（一九三一年／昭和六年）を調査し、日本軍の満洲侵略を否認した国際連盟代表団の報告書として知られている。その報告書に反発して、全権大使・松《まつ》岡洋右《おかようすけ》が「国際連盟脱退演説」をおこなったのは三三年であり、それ以降、日本は世界の孤児になったとされてきた。

ところが、『全文 リットン報告書』の巻頭に置かれた二十八ページに及ぶ渡部昇一「解説」によれば、それはかならずしも事実ではない。なんとなれば、『報告書』を丁寧に読んでいけば、イギリスのリットン卿を委員長とする国際連盟代表団は相当程度、日本の立場を認めていたことがわかるからだ。その証拠のひとつとして引かれているのが第九章のつぎのような一節だ。

> 問題は極度に複雑だから、いっさいの事実とその歴史的背景について十分な知識をもったものだけがこの問題に関して決定的な意見を表明する資格があるというべきだ。この紛争は、一国が国際連盟規約の提供する調停の機会をあらかじめ十分に利用し尽くさずに、他の一国に宣戦を布告したといった性質の事件ではない。また一国の国境が隣接国の武装軍隊によって侵略されたといったような簡単な事件でもない。なぜなら満洲においては、世界の他の地域に類例を見ないような多くの特殊事情があるからだ。
>
> （三〇六ページ。傍点松崎）

そこで渡部はこう解説している。

> 本文を通読すればわかるように、報告書は相当程度「日本の立場」を認めているのである。

少なくとも、満洲事変と聞けばただちに「日本の大陸侵略」と決めつけ、満洲国と耳にすれば即座に「傀儡国家」と反応する、朝日新聞その他の左翼マスコミよりずっと正しい歴史認識を示している。（二ページ）

そうした意味からも、この『全文 リットン報告書』はもっと多くの人たちに読まれてしかるべき本である。

○

三番目の『東條英機 歴史の証言』は東京裁判の法廷における東條英機の宣誓供述書を一節ずつ読み進め、詳しい注釈を加えた大冊である。その意義については、次の五点が挙げられる。

(1)東条は開戦時の総理大臣・陸軍大臣・内務大臣であり、のちには参謀総長も兼ねた人である。かれを抜きにして大東亜戦争を語ることはできない。

(2)これはたんなる覚書や日記ではなく、法廷文書である。少なくとも、事実にかんするウソは入り込めない。

(3)前述したように、かれの供述の核心は「マッカーサー証言」とも重なっている。

(4)昭和史にかんする本はいろいろ出ているが、敗戦までの昭和史を人体に喩えるなら、東条供述書は頭蓋骨から背骨に当たる。

(5)東京裁判は過去の問題ではなく、現代の問題であり、この裁判を正しく理解することなしには、日本の歴史教育の基盤も砂の上に築かれたようなものになってしまう。(三一〜六ページ参照)

この東条英機の宣誓供述書には戦争当時の「日本の主張」が随所にみられる。その意味でも、日本人の必読文献ということができよう。

○

以上のように、現代の日本人にとっても重要な文献を次々と紹介しつづけてきた渡部の地道な努力は見落とされてはならない。しかもそれは七十五歳以降の仕事なのである。「日本」を取り戻そうという思いには、なみなみならぬ決意が秘められていたのである。

新築と金婚式と受章と

さて、エディンバラ滞在に端を発した蔵書の増殖は練馬区にあった渡部家を内部から圧迫しつづけ、ついには〇七年(平成十九年)の杉並区への転居を決断させた。その間の内部事情については、長男・玄一がこう報告している。

旧実家の様子は酷かった。数十年前に造られた当初は、サロンコンサートを自宅でやれる

ように と奮発してシャンデリヤまでぶら下げた三十畳ほどの広い部屋（中略）には、床一面に本が積んであり床が抜けそうになる始末、誰も使わないからシャンデリヤもほこりを被っているし、そもそも本が邪魔で掃除ができない。

別棟には実質三階建ての書庫があったのだが、その一階部分の床は、本が積み上げられるだけ積み上げ山のようになっており、もう何が何処にあるかなどは到底調べようもないアンタッチャブル区域。あらゆる部屋の壁にはびっしり本棚が備えられ、テーブルの上も廊下も階段もどこもかしこもびっしり本だらけ。よく家がもつなあ、と感心をしていた。

（『ワタナベ家のちょっと過剰な人びと』一二五ページ）


さすがの夫人も「うちにはねえ、本の権利、本権はあるけれど人権がないのよ！」と叫び出すにいたったという。

かくして七十五歳をすぎてから、十五万冊の蔵書を収めることのできる家を新築せざるをえなくなった。ひと口にそうはいうものの、業者の見積もりでは蔵書の引っ越し代だけで五百万円かかるというのだ。母親からそう聞かされた玄一が「え！」といって絶句したのもむべなるかな。気の遠くなるような〝大事業〟である。

本の引っ越し代だけで五百万円。そして、それだけの蔵書を並べられる家を新築するとなると……いったいいくらかかるのか、わたしなどには想像もつかない。そのころ、ポツンと洩らしたのは「蓄えをはたいても、ま、億の借金は必要でしょうナ」というつぶやきと溜め息だった。

そして、新築なった新しい家に引っ越したとき——、

地下の書庫を案内してくれた父は、その頃まだ場所的余裕があったのか、一番奥の列の両側を示して、

「この列は、お前が自由に使っても良いぞ」と言ってくれていた。（中略）

しかしここのところ、時たま実家に帰って私にあてがわれた場所を覗いてみると、両側のうちの一つの側に、父の書物が浸食してきたのだ。私の所を浸食し終わったら、後は空いている棚はない。　（一二五ページ。一部、行を詰めた）

増えつづける本、本、本……。考えてみればかなり恐ろしい話である。

しかし、当の渡部はかれの霊名となっているトマス・アクィナスに似た心境だったのではあるまいか。《聖トマスに関する顕著な事実を言えば、書物を愛し、書物によって生き、……神に対して何を最も感謝するかと問われた時、彼はただ、「今までに読んだ書物のすべてのペー

吹き抜けの造りになっている書庫1階と地階をつなぐ階段で満足そうに

ジを理解したことです」と答えた》（『聖トマス・アクィナス』、春秋社刊「G・K・チェスタトン著作集」6、生地《おいじ》竹郎《たけろう》訳。一八二ページ）といわれるように。

○

長男・玄一がいうように渡部家は「ちょっと過剰」である。いや、十五万冊の蔵書となると、これは大いに過剰であろう。

一〇年（平成二十二年）の「金婚を祝う会」を開くにあたって迪子がみせたふるまいもまた相当に過剰だった。

最初は玄一たちのプランに沿って会を進める予定だったが、本人たちから《採算を度外視した会費の設定、その上各テーブルにドンペリ【高級シャンパンのドン・ペリニヨン―松崎注】を付けることなど》（同書六ページ）の提案があり、当初のプランはみるみるうちに崩れていった。

会の目玉として企画されたモーツァルトのピアノ協奏曲の演奏（子供たちとの弦楽四重奏に編曲したもの）をめぐっては、迪子から、なんと「ピアノ協奏曲23番」に変えたいという提案があったという。名曲中の名曲であるが、かなりの難曲でもある。かつてはプロのピアニストだったとはいえ、結婚後はピアノの本格的な演奏からは遠ざかっている。息子たちが「弾けるだろうか……」と心配するのは当然だった。

おまけに、この「23番」には出版された編曲版がないため、プロの作曲家に編曲を依頼せざるをえなかった。すると、また、「弦楽四重奏の伴奏だけじゃあ、ちょっと寂しいわねえ」といいはじめ、そこにフルートが加わることになったため、改めて編曲の依頼をし直した。したがって、渡部家にはいま二種類の譜面が残っているという。

生来、気風《きっぷ》のいい迪子から次々と新提案が飛び出してきて、当初のプランはどんどん変形を余儀なくされた。ついには、ホテル備え付けのピアノの音が気に入らないから、「自分のピアノを持ち込みたい」と言い出したとか。勧進元の子供たちにすれば気が気ではなかったろうが、それでもどうにか「祝う会」のメドも立ってきた。

では、肝心のピアノ演奏のほうはといえば……会の二日前になっても第三楽章がおぼつかない。

しかし私は、「母のことは、心配すれば損をする」ということを姉弟のだれより経験してきたので、なぜか不思議な安心感があった。

本番は身びいきであるが、まああほらしいほどちゃんと弾ききったと思う。

（同書一一五〜一一六ページ）

それを見て、父（昇一）は無邪気に、うれしそうに拍手していたという。金婚式にたいして、渡部にはある種の思い入れがあったからでもあろう。

ガブリエル・マリが作曲した「金婚式」という小曲がある。どことなく哀感のある短調の調べで始まる曲である。結婚というのは、別々の人間が一緒に暮らし始めるのだから、最初はどうしたって短調の要素を持っている。辛い側面、我慢しなければいけない側面だってある。しかし、この曲はだんだんと短調から明るい長調に変わっていく。なるほど、と最近はしみじみと思う。

（『実践 快老生活』八八〜八九ページ）

じつをいえば、ふたりの金婚式には続編があった。

一六年（平成二十八年）四月八日、元衆議院議員の浜田卓二郎・麻記子夫妻と合同の「金婚

2016年3月、夫人とともに食事する

を祝う会」が六本木の「国際文化会館」で開かれたのだ。この会では迪子がモーツァルトの「トルコ行進曲」などを弾き、渡部は詩吟を高唱したが、そこに出席しながら、最初はなぜ金婚式を二度まででも？　と思ったものだ。だが、いま当時のメモを見返してみると、「80&18《エイティ・アンド・エイティーン》コンサート」とも記してある。一六年（平成二十八年）という年は迪子の八十歳に当たる。そこで、「傘寿《さんじゅ》の祝い」という意味も込めて宴席を設け、十八歳のフランスの青年との連弾（シューベルト「軍隊行進曲」）をふくめ、ドビュッシーの「花火」やモーツァルトの「トルコ行進曲」を披露したのだと納得する。

○

二〇一五年（平成二十七年）の春、渡部は瑞宝中綬章（かつての「勲三等瑞宝章」に相当）を受章した。

エピローグ

二〇一七年（平成十九年）五月三十日午後二時から、渡部昇一の追悼ミサがJR四ツ谷駅にほど近い東京・麴町の「聖イグナチオ教会」の主聖堂で執り行われた（正確に記せば、「故トマス・アクィナス渡部昇一　追悼ミサ」）。聖堂のステンドグラスからは春の明るく柔らかな光がさし込み、会場中央に据えられた遺影はおだやかにほほえみ、生前の人柄を偲ばせていた。

参列者は約七百人。そこには親しくしていた石原慎太郎や麻生太郎（副総理兼財務大臣）などの姿が見られた。

渡部が心不全のために亡くなったのは四月十七日である。享年八十六。葬儀は近親者だけでおこなわれ、この日の追悼ミサはいわば「お別れの会」を兼ねるものであった。

ミサを司ったのは、上智大学で長く渡部の同僚としてすごしてきた司祭のピーター・ミルワード。『イギリス人と日本人』（講談社現代新書）など、多くの著書で知られる英文学者でもある。かれは説教のなかで、渡部の明るく実直な人柄にふれ、「山形県の鶴岡市に生まれたワタナベ先生は田舎者でした。ストラッドフォードのシェイクスピアも、ナザレのイエスも、いい人はみな田舎者です。心の田舎者です。さいわいなるかな、心の田舎者よ」と説いた（付記すれば、かれもこの後の八月、天に召された）。

弔辞に立ったのは石原慎太郎だった。「混迷を深める世界で、いま日本はむずしい舵とりを迫られています。そんななかであなたを失ったことは痛恨のきわみです」と、最後はやや涙声になりながら、その死を悼《いた》んでいた。

最後に、遺族の挨拶に立った長男・玄一は以下のような趣旨の話を披露した。――「父は『私ほど幸せな人間はいない。それを教えてくれたのはこの痛みだ。痛みがあるから、幸せを感じることができる。この痛みがとれたら、新しい人に生まれ変わる』と語っていました」と。

前年の夏、転んで右腕を骨折して以来、体調を崩し、最後は体全体の痛みに耐えていたようだが、生来の前向きの気性も手伝って「生きる意志」を失うことはけっしてなかったといってよい。あまりにもキツい痛みに医師がモルヒネを使ったときも、頭が朦朧《もうろう》とするからといって、以後、その使用を断わったという。「頭がボーッとするより激痛に堪えたほうがいい」というのであった。

さて、式次第も滞りなく進み、献花がはじまったとき駆けつけたのが首相・安倍晋三と防衛大臣の稲田朋美であった。じつをいえば安倍は、渡部が亡くなった翌日（四月十八日）の夕刻にも杉並区内の自宅を訪れ、弔意を告げていた。一国の首相としてはまさに異例のことであったが、それに重ねてこの日もまた花を献《そな》えたのである。

◯

「追悼『知の巨人』渡部昇一」に寄せた「保守の神髄として」のなかで、安倍はこう書いている。

渡部先生は、その時代を覆っている空気、体制に常に異議を唱え、果敢に挑戦し続けてこられたサムライでした。その時代を覆っている「空気」「体制」と申し上げたのは、人々の反論を許さない不条理な空気であり、それによって支えられている既存の体制ということです。（中略）

五年前、自民党総裁選に再挑戦した際、私の背中を強く押してくださったのも、その渡部先生でした。

総裁選の前に、先生にお招きいただき、ご自宅を訪問したことがあります。その際、ご家族による素晴らしい演奏会と奥様の手料理でおもてなしくださいました。愛情で結ばれた、ご一家の絆の強さに感銘を受けたことを今でも覚えています。（中略）

先生は歴史観、憲法、教育、安全保障という国の根幹にかかわる問題について揺るぎない信念を貫き通されました。まさに保守の神髄であります。
渡部先生が逝去されたことは、日本にとって大きな損失であると言えるでしょう。（中略）
先生、どうか天上からお見守りください。
（四二〜四三ページ）

ところで、ピーター・ミルワードが「心の田舎者」といったとき、それはなにを意味していたのだろう？　生まれもった純粋さを失っていないということだろうか。けっして驕《おご》り昂ぶることなく、謙虚に実直にまた勤勉にみずからを高めてきた人、というニュアンスも感じられた。「マタイ伝福音書」第五章の「山上の垂訓」には《幸福《さいわい》なるかな、心の貧しき者》とある。「心の貧しき者」はつねに「霊」を求めている。それゆえ、《天国はその人のものなり》といわれるが、「心の田舎者」という言葉にはそうした含意もあったように思える。

いずれにせよ、最期の床にあっては、幼いころ遊びまわった鶴岡の突き抜けるような青空や魚釣りをした冷たく澄んだ田舎の川、さらには日本海に面した海岸の砂浜などを懐かしく思い浮かべていたことだろう。

ついでにいえば、かれの霊名となっている「聖トマス・アクィナスの祈り」も痛みのなかで唱えていたのではないだろうか。

私の神よ、私があなたを忘れても
あなたは私を忘れないでください
私があなたを見捨てても
あなたは私を見捨てないでください
私があなたから離れても
あなたは私から離れないでください
私が逃げだしても呼びもどし
反抗しても引き寄せ
倒れても起きあがらせてください……

渡部昇一は篤いクリスチャンであった。死を前にして「私の神よ、私を忘れないでください」と祈りつづけたことだけはまちがいない。

あとがき

本書をまとめるきっかけとなったのは、WACの書籍および「歴史通」の編集長を兼務する仙頭寿顕《せんとうとしあき》氏から、「WiLL」&「歴史通」の合同増刊号「追悼『知の巨人』渡部昇一」のための年譜作成を依頼されたことである。渡部さんほどの「知の巨人」の年譜が整っていないことにまず驚いたが、その略年譜を作成するために数多くの著作を机の横に山と積み上げ、一冊一冊点検しながらポイントをメモしていくうちに、その業績を中心にした評伝をまとめてみたいという思いが募ってきた。つねに日本および日本人に温かいまなざしをそそぎ、そしてこの国の針路を問いつづけてきた渡部さんの足跡を書きとめておきたいと思ったといっても同じことである。

果たして、そうした思いを実現することができたかどうかは読者の判定に俟《ま》つしかないが、ともかく、それが本書の狙いである。

周知のように、渡部さんの学識は深くて広い。それだけに、その「人間学」や活動全般を追うのは容易ではなかったが、そうした作業をつづけていくなかで、ありし日の渡部さんの姿が目に浮かんだり、数々の取材の場で受けた「学恩」に思い当たったりすることはわたしにとってうれしい副産物であった。

原稿をまとめるに際しては、渡部令夫人・迪子さんからご教示をいただくとともに写真をお借りできたこと、さらには畏友・仙頭氏の貴重なサジェッション、広瀬書院・岩﨑幹雄社長からの写真提供など、いろいろなかたがたのお世話になった。そして、本書刊行にあたっては旧知のビジネス社・唐津隆社長に多大なるお力添えをいただいた。

みなさまに深く感謝いたします。

渡部昇一　略年譜

1930年（昭和5年）

・10月15日、山形県鶴岡市の外れ、養海塚《ようかいづか》（旧町名）の商家（「あぶらや」）に生まれる。家族は父・倉治、母・八重野と祖母・ふくよ、そして十歳および五歳年長のふたりの姉（悦／郁）であった。

1937年（昭和12年）　7歳

・市内の朝暘第一小学校（41年に「国民学校」と改称）に入学。

1943年（昭和18年）　13歳

・町内からはただひとりだけ、山形県立鶴岡中学校（5年制の旧制中学）に合格、入学。
・在学中に敗戦を迎え、英語教師の需要が増えたため教壇に復帰した老教諭・佐藤順太と出会い、「生涯の師」と仰ぐ。
・成績は急上昇、卒業時は卒業生総代だった。

1945年（昭和20年）　15歳

・8月15日、終戦。

1948年（昭和23年）　18歳

・3月、旧制中学を卒業。学制改革により、4月から新制の山形県立鶴岡第一高等学校（現・山形県立鶴岡南高等学校）3年に編入。

1949年（昭和24年）　19歳

・3月、上記新制高校を卒業し、4月、上智大学文学部英文学科に入学。
・貧乏学生だったため、構内の学生寮に入り、山形県酒田市の本間家が設立した「荘内《しょうない》育英会」の奨学金をもらう。

1950年（昭和25年）20歳

・パスカル『冥想録』（由木康《ゆうきこう》訳・白水社版）を読み、迷いに迷った挙句、2年生のときにカトリックの洗礼を受けた。霊名は「トマス」であった。
・「作法に欠ける」という理由により、アメリカ留学の選抜に洩れる。
・6月、朝鮮戦争勃発。

1953年（昭和28年）23歳

・上智大学文学部を卒業。卒論は「ラフカデオ・ハーン（小泉八雲）の宗教観」であった。
・卒業生総代となり、同大学院西洋文化研究科英米文学専攻の修士課程に進む。

1955年（昭和30年）25歳

・4月、修士課程修了（文学修士）、大学院西洋文化研究科助手となる。修士論文は「ベン・ジョンソンの英文法書の研究」。
・10月から、ドイツのミュンスター大学に留学（英語学・言語学専攻）。
・この留学中、母を亡くした。

1958年（昭和33年）28歳

・ミュンスター大学より哲学博士号（Dr.Phil.）を授与される。このときのドイツ語の博士論文「中世のラテン語文法書が近世初頭の英文法書に与えた影響」はミュンスターのMax Kramer書店から刊行された。
・5月、オックスフォード大学（ジーザス・カレッジ）に留学、寄託研究生となる。

1959年（昭和34年）29歳

・上智大学外国語学部英語学科講師に就任。大学図書館の〝住み込み宿直員〟を志願、館内に寝泊まりして、図書館のプラトンやアリストテレスの著作に読み耽った。

1960年（昭和35年）30歳

・安保騒動が広がる。
・十月、「教育出版」専務（のちに社長）小坂佐久馬《こさかさくま》の長女・迪子《みちこ》と結婚。

1962年（昭和37年）32歳

・長女・真子《まこ》が誕生。のちにピアニストとなり、現在はWTO（世界貿易機関）に勤務する夫に伴いスイス在住。ジュネーヴの日本語補習学校の教師や教会のオルガニストを務めている。

1963年（昭和38年）33歳

・長男・玄一が誕生。のちにチェロ奏者となり、2008年には、クラシック音楽を総合プロデュースする「東京アンサンブルギルド」も設立。

1964年（昭和39年）34歳

・上智大学文学部英文学科助教授に就任。

1965年（昭和40年）35歳

・ミュンスター大学の博士論文をもとにした『英文法史』を研究社から刊行。処女出版であった。

1966年（昭和41年）36歳

・次男・基一が誕生。のちにヴァイオリン奏者となる。
・このころ、のちにノーベル経済学賞を受賞することになるオーストリアの経済学者フリードリヒ・ハイエクが来日するたびに通訳を務めた。

1968年（昭和43年）38歳

・大島淳一名義で、ジョセフ・マーフィー『あなたはこうして成功する〜マーフィーの成功法則』（産業能率短期大学出版部）を翻訳。これをふくめ、大島淳一名義の本は都合4冊。

・フルブライト招聘《しょうへい》教授として単身渡米、ニュージャージー、ノース・カロライナ、ミズーリ、ミシガンの各大学で講義を行う。
・全10巻、総ページ数８５００の『極東国際軍事裁判速記録』が雄松堂書店から復刻・出版される。

１９７１年（昭和46年）41歳

・雑誌「英語教育」（大修館書店）4月号から、コラム「アングロ・サクソン文明落穂集」の連載を開始。亡くなる２０１７年まで続き、計５３０回を超える長期連載となった。この連載は順次、広瀬書院から刊行されている。
・上智大学文学部英文学科教授に就任。

１９７３年（昭和48年）43歳

・『日本史から見た日本人』（産業能率短期大学出版部）を刊行。これを皮切りに、以後、〝渡部日本史〟が枝葉を伸ばしていく。

１９７４年（昭和49年）44歳

・『文科の時代』（文藝春秋）を刊行。巻頭に置かれた同名論考が「諸君！」73年7月号に掲載されて好評を博し、論壇デビューを果たした。
・平泉渉（参議院議員）との「英語教育論争」がはじまる。これは話題を呼び、平泉・渡部の共著『英語教育大論争』（文藝春秋）にまとめられる。
・『ドイツ参謀本部』（中公新書）を刊行。

１９７５年（昭和50年）45歳

・『腐敗の時代』（文藝春秋）で、第24回日本エッセイスト・クラブ賞を受賞。
・『英語学史』（大修館書店）刊行。

１９７６年（昭和51年）46歳

・2月、「ロッキード事件」が発覚。元首相・田中角栄にたいする裁判は翌77年からはじまった。
・『知的生活の方法』（講談社現代新書）が累計１２０万部近いベストセラーとなる。

1977年夏～1978年夏（昭和52年～53年）47歳～48歳

・上智大学にサバティカル・イヤー（1年間の有給休暇）制度が導入され、家族でスコットランドの首都エディンバラに滞在する。

1979年（昭和54年）49歳

・評論家・谷沢永一との対談『読書連弾』（大修館書店）を刊行。これを皮切りに、谷沢・渡部コンビの対談本は30冊以上を数えることになる。

1980年（昭和55年）50歳

・小説家・大西巨人の息子ふたりが血友病で、高額な医療費助成がなされていることを知り、「週刊文春」10月2日号のコラムで疑問を呈したところ、朝日新聞にナチスふうの「優生思想」だと噛みつかれる。

・ノーベル生理学・医学賞の受賞者アレキシス・カレルの『人間～この未知なるもの』（三笠書房）を翻訳。

1982年（昭和57年）52歳

・「国語審議会」委員に就任。

・6月、大手新聞や各テレビ局が「文部省（現・文部科学省）は教科書検定で、華北にたいする〝侵略〟を〝進出〟に改めさせた」と一斉に報じた。このとき、それが誤報であることを追究した「萬犬虚に吠えた教科書問題」で、騒ぎに終止符を打った。

1984年（昭和59年）54歳

・田中角栄が有罪となった一審の裁判で、田中サイドに検察側証人への反対尋問が認められなかったことに疑問を抱き、「角栄裁判」批判の論考を発表。それがきっかけとなり、「角栄裁判」をめぐってジャーナリスト・立花隆と激しい論戦になった。

・「臨時教育審議会」専門委員（大学・専門学校部門）に就任。

1985年（昭和60年）55歳

・第1回「正論大賞」を受賞する。

・このころ、51年（昭和26年）の米上院軍事外交合同委員会における「マッカーサー証言」を知り、その紹介に努めるようになる。

1990年（平成2年）　60歳

・『イギリス国学史』（研究社出版）を刊行。

・全三巻『日本史の真髄～頼山陽の「日本楽府」を読む』（PHP研究所）の刊行がはじまる。

1993年（平成5年）　63歳

・「イギリス国学協会」会長に就任。

・このころよりラテン語の警句や諺の暗記をはじめ、やがて『ギリシア・ラテン引用語辞典』（岩波書店）のラテン語部分を完全制覇する。

1994年（平成6年）　64歳

・「渡部昇一の新世紀歓談」（テレビ東京）のホスト役を務めはじめる。

・ミュンスター大学より名誉博士号（Dr.Phil.h.c.）を授与される。

1995年（平成7年）　65歳

・1月17日、阪神・淡路大震災が発生。

・上智大学を退職、文学部英文学科特遇教授に就任。

1997年（平成9年）　67歳

・ハマトン『知的生活』（講談社）を共訳する。

1999年（平成11年）　69歳

・愛書家の団体「日本ビブリオフィル協会」会長に就任。

2001年（平成13年）　71歳

・上智大学名誉教授。

・ダーウィンの『種の起源』初版本やチョーサーの『カンタベリー物語』稀覯本など、所蔵洋書9678点の書誌記録*Bibliotheca Philologica Watanabeiensis*（雄松堂書店）を出版。
・併せて、『フィロロギア〜渡部昇一先生古稀記念論文集』（大修館書店）も刊行される。

2004年（平成16年）　74歳

・8月、「渡部昇一の大道無門」（日本文化チャンネル桜）のホスト役を務めはじめる。

2005年（平成17年）　75歳

・男子皇族が少ないことから、小泉純一郎首相の私的諮問機関「皇室典範に関する有識者会議」が10月、女系天皇も容認する方針を固めると、女系天皇容認は皇室伝統を破るものだとして、学者・文化人（外交評論家・岡崎久彦ら）が「皇室典範を考える会」を結成、その代表に推された。
・レジナルド・ジョンストン『完訳 紫禁城の黄昏』（祥伝社）を監修。

2006年（平成18年）　76歳

・現代語の『全文 リットン報告書』（ビジネス社）を監修。
・『東條英機 歴史の証言』（祥伝社）を刊行。

2007年（平成19年）　77歳

・手狭になった書庫を拡充するために、借金をして練馬区から杉並区に転居。この想像を絶する書庫にかんしては、ＤＨＣテレビが公開している「渡部昇一『書痴の楽園』」で、その全貌を見ることができる（案内役は女優の宮崎美子）。

2010年（平成22年）　80歳

・金婚式を祝う。
・『渡部昇一「日本の歴史」』（ＷＡＣ、全7巻）の刊行がはじまる。

２０１１年（平成23年）　81歳

・3月11日、東日本大震災が発生、福島第一原子力発電所がメルトダウン。
・福島原発事故により、日本中に反原発ムードや原発アレルギーが充満すると、翌12年、『原発は、明るい未来の道筋をつくる！原発興国小論』（WAC）を刊行。

２０１４年（平成26年）　84歳

・8月、朝日新聞が30年以上書き立ててきた「従軍慰安婦」報道が誤報であったことをみずから認めた。
・10月、朝日新聞が「朝鮮人女性を強制連行し、従軍慰安婦にした」という吉田清治の虚偽証言をタレ流し続けたのは日本人にたいする名誉毀損であるとして「朝日新聞を糺《ただ》す国民会議」が結成され、議長に選出される。

２０１５年（平成27年）　85歳

・『朝日新聞と私の40年戦争』（PHP研究所）を刊行。
・春、瑞宝中綬章（かつての「勲三等瑞宝章」に相当）を受勲。

２０１６年（平成28年）　86歳

・11月14日、政府の「天皇の公務の負担軽減等に関する有識者会議」のヒアリングに出席し、「天皇の第一のお仕事は国のため、国民のためにお祈りされることである。お体の状態が問題であるなら摂政を置かれることをお奨めする」という趣旨の意見を述べ、「生前退位」に強く反対した。

２０１７年（平成29年）

・4月17日、心不全のため、都内の自宅で逝去。満86歳だった。翌日、首相・安倍晋三が弔問する。
・5月30日、「お別れの会」として、千代田区麹町の「聖イグナチオ教会」主聖堂で追悼ミサが行われた。

【著者プロフィール】

松崎之貞　（まつざき・ゆきさだ）

1947年、埼玉県生まれ。早稲田大学政治経済学部経済学科卒。70年、徳間書店に入社。一貫して編集部門を歩き、2002年、ノンフィクション部門の編集局長を最後に退社。この間、吉本隆明、渡部昇一、谷沢永一、西尾幹二、三好徹……といった諸氏を担当した。退社後はフリーの編集者として、主に書籍の編集に携わる。著書に『「語る人」吉本隆明の一念』（光文社）、『吉本隆明はどうつくられたか』（徳間書店）、2014年にノーベル文学賞を受賞したフランスの作家パトリック・モディアノの「人と文学」を論じた『モディアノ中毒』（国書刊行会）などがある。

写真提供／渡部迪子、岩﨑幹雄

「知の巨人」の人間学～評伝 渡部昇一

2017年 11月11日　第1刷発行

著　者　松崎　之貞
発行者　唐津　隆
発行所　株式会社ビジネス社
〒162－0805　東京都新宿区矢来町114番地
神楽坂高橋ビル5F
電話　03－5227－1602　FAX 03－5227－1603
URL　http://www.business-sha.co.jp/

〈カバー・デザイン〉上田晃郷
〈本文DTP〉茂呂田剛（エムアンドケイ）
〈印刷・製本〉モリモト印刷株式会社
〈編集担当〉本田朋子〈営業担当〉山口健志

ISBN978-4-8284-1984-8

ビジネス社の本

全人類を唸らせた！
二千七百年受け継がれる
日本人の遺伝子

渡部昇一……著

定価　本体1400円＋税
ISBN978-4-8284-1891-9

世界の難局を打開する日本および
日本人の精神とは、思想とは何なのか？
混迷する時代を救う世界に誇れる
究極の「お国自慢」！

本書の内容

第一章　『古事記』の伝承
第二章　『万葉集』の心
第三章　仏教の伝来
第四章　日本人の自然観
第五章　武士道と騎士道と女の道
第六章　わび、さび、幽玄の世界
第七章　「尊王」という潜在意識
第八章　職人文化と日本の技術
第九章　富とは何か？

ビジネス社の本

本を読まないとバカになる!
知的読書の技術

渡部昇一……著

定価　本体1100円＋税
ISBN978-4-8284-1905-3

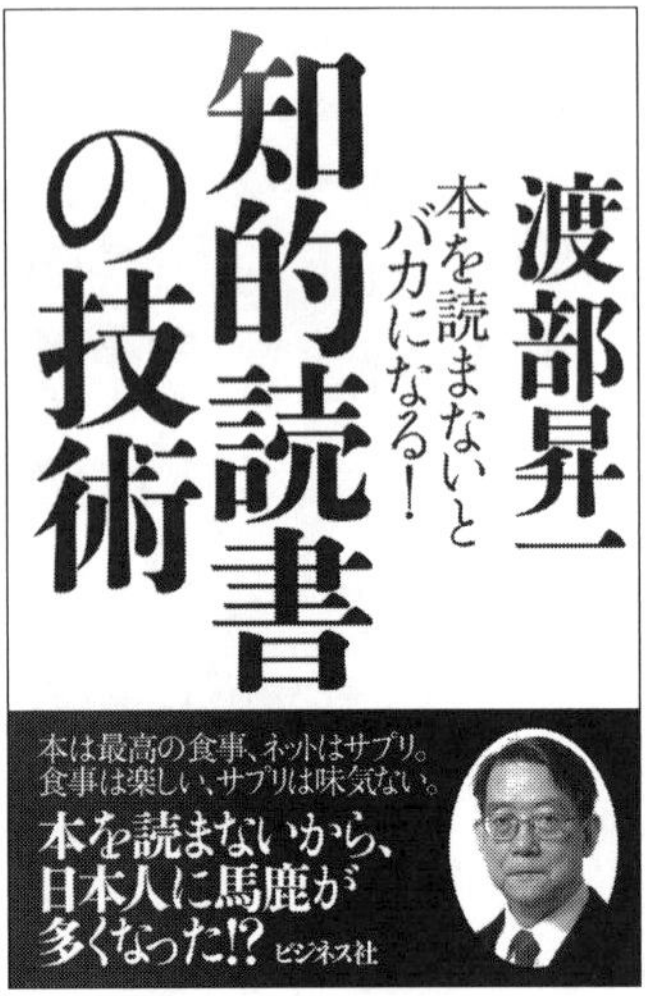

無人島に持っていきたい
私の10冊も紹介!

ネット時代だからこそ、本の素晴らしさを再認識する。知的生活の第一人者が語る、読書家のための読書術決定番! 読書好きにはたまらない渡部流読書テクニックが満載。

本書の内容

ビジネス社の本

昭和史【上】 松本清張と私

渡部昇一……著

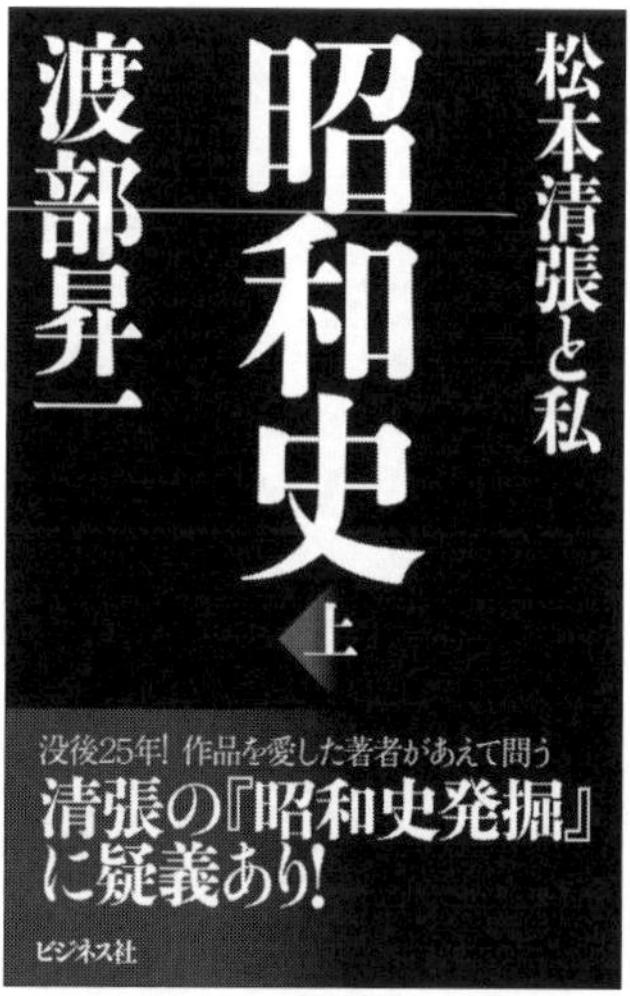

『昭和史発掘』に疑義あり！

清張没後25年！ 作品を愛した著者があえて問う。日中関係、靖国神社、憲法改正問題…。すべては「昭和」という時代の爪痕である。昭和史を読み解く13のキーワード【軍部】【謀殺】【国家】【作家の死】【軍隊】【共産党】【満洲】【幣原外交】【文壇】【新興宗教】【大学】【天皇】【叛乱】

下巻の内容

序章 『昭和史発掘』に疑義あり
第1章 陸軍機密費問題
第2章 石田検事の怪死
第3章 朴烈大逆事件
第4章 芥川龍之介の死など
第5章 北原二等卒の直訴
第6章 日本共産党の問題
第7章 満洲某重大事件

定価 本体1000円＋税
ISBN978-4-8284-1925-1

ビジネス社の本

昭和史【下】
松本清張と暗黒史観

渡部昇一……著

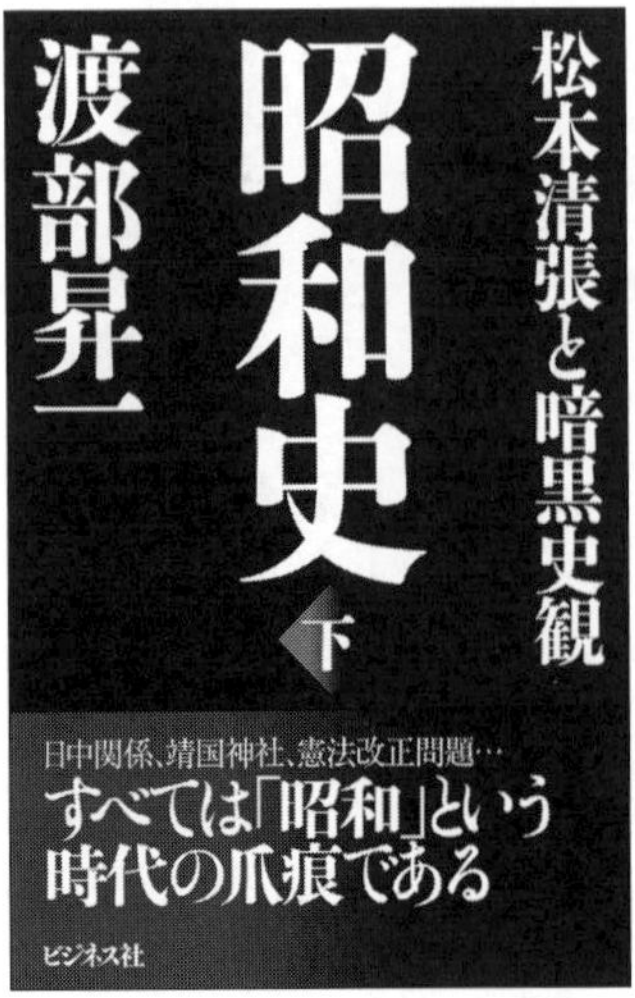

定価　本体1000円＋税
ISBN978-4-8284-1926-8

『昭和史発掘』に疑義あり！

清張没後25年！　作品を愛した著者があえて問う。日中関係、靖国神社、憲法改正問題…。すべては「昭和」という時代の爪痕である。昭和史を読み解く13のキーワード【軍部】【謀殺】【国家】【作家の死】【軍隊】【共産党】【満洲】【幣原外交】【文壇】【新興宗教】【大学】【天皇】【叛乱】

下巻の内容